职业院校创新创业教育与人才培养研究

刘　丹　范新强　陶海燕◎著

图书在版编目（CIP）数据

职业院校创新创业教育与人才培养研究 / 刘丹, 范新强, 陶海燕著. -- 湘潭 : 湘潭大学出版社, 2023.6
ISBN 978-7-5687-1147-0

Ⅰ. ①职… Ⅱ. ①刘… ②范… ③陶… Ⅲ. ①高等职业教育—创业—人才培养—研究—中国 Ⅳ. ①G718.5

中国国家版本馆CIP数据核字(2023)第110586号

职业院校创新创业教育与人才培养研究

ZHIYE YUANXIAO CHUANGXIN CHUANGYE JIAOYU YU RENCAI PEIYANG YANJIU

刘丹　范新强　陶海燕　著

责任编辑：丁立松
封面设计：郭洪英
出版发行：湘潭大学出版社
社　　址：湖南省湘潭大学工程训练大楼
电　　话：0731-58298960 0731-58298966（传真）
邮　　编：411105
网　　址：http://press. xtu. edu. cn/
印　　刷：北京荣玉印刷有限公司
经　　销：新华书店
开　　本：787 mm×1092 mm　1/16
印　　张：11
字　　数：230千字
版　　次：2023 年 6 月第 1 版
印　　次：2024 年 4 月第 1 次印刷
书　　号：ISBN 978-7-5687-1147-0
定　　价：78.00 元

PREFACE 前言

职业院校的教育目标是培养高技能和应用型人才，因此，在职业教育中，创新创业教育也是必不可少的。随着新时期、新形势、新课程改革的深入，职业院校的人才输出方式也在不断变化。对创新创业教育进行深入的改革，对人才培养机制进行持续的完善和创新，对人才培养的类型进行明确，对人才培养的质量进行提升，对其目标定位进行科学的把握，这样才可以让职业院校为社会培育出一支有知识、有文化、训练有素、品质良好的职业劳动大军，为社会各个领域的建设培养并输送到第一线岗位上所需要的各类专业人才。所以，在大众创业、万众创新的大背景下，必须将创新创业教育的思想和模式应用到职业院校的人才培养中，这样才能对职业院校的创新意识和创新实践能力的增强起到积极的作用，从而改善职业校的就业现状，提高职业院校的就业质量。

在这本书中，首先对创新创业教育的内涵及特点、创新创业教育的目标与内容、创新创业教育的必要性及可行性分析、开展创新创业教育的理论基础以及职业院校教育模式的建构理论进行了简单介绍。其次对中国和世界各国的创新创业教育进行了对比分析，主要是对中国职业教育的现状进行了分析，并对中国职业教育的发展进行了展望；第三，对职业院校学生进行创新创业教育的方式进行了剖析，使学生对创新创业教育方式的研究有了新的理解；之后，对提高职业院校学生创新创业能力的途径展开了较大的改善。最后，从多个维度对职业院校创新创业的人才培养展开了论述，这充分体现了 21 世纪我国在职业院校创新创业教育与人才培养方面的前沿问题，力图让读者能够充分地意识到对职业院校创新创业教育与人才培养进行研究的重要性和必要性。它具有很强的理论性和很强的实用性，可以为职业教育工作人员提供一定的参考。

为了提升本书的学术性与严谨性，在撰写过程中，笔者参阅了大量的文献资料，引用了诸多专家学者的研究成果，因篇幅有限，不能一一列举，在此一并表示最诚挚的感谢。由于时间仓促，加之笔者水平有限，在撰写过程中难免出现不足的地方，希望各位读者不吝赐教，提出宝贵的意见，以便笔者在今后的学习中加以改进。

CONTENTS

目　录

第一章　创新创业教育基本理论

第一节　创新创业教育内涵及特点

一、职业院校创新创业教育内涵

从“创新”的视角来看，按照知名经济学家约瑟夫·熊彼特的说法，“创新就是生产要素的重新组合，将新机制引入生产体系，建立一种新的生产函数”。从“创业”的视角来看，按照管理学家彼得·德鲁克的说法，“创业的实质就是要为组织构建新的生产功能，创业的目的不是为了复制，而是为了创建新的满足感，新的组织形态”。正如我们所知道的那样，创新和创业是密不可分的。“创新”与“创业””是一门教育，但不能把它看成两门教育的叠加，它是在对两门教育进行深入探讨的基础上，把素质教育、职业教育等教育思想有机结合起来，以科学化的方式，发展起来的一门崭新的教育思想，它是一门旨在培育基本能力、普遍性能力的大众教育职业院校创新创业教育的目标并不只是技能的提升，还需要在实施创新创业教育中，促进学生的整体素质的提升，这其中既有思维上的优化，也有实践上的提升。也就是说，创新创业教育是一种新型的教育方式，它培养的不仅仅是自主创业者，还包含了以自己岗位为基础，可以实现岗位创新的“岗位创业者”，它是培养懂创新、能创新以及会创新的人才的教育。

学校类型的差异和受教育群体的差异，都会对创新创业教育的实施方式造成一定的影响。就职业院校而言，创新创业教育是将职业院校的学生的专业技术水平比较高的特点作为一个起点，在强化对专业基础理论和基础技术的教学的同时，还可以利用一系列的创新教育活动，来培养学生的创新创业意识、知识、能力，从而让他们拥有一种科学、合理的知识结构，让他们具备创新创业的意识，拓展他们的思路，帮助他们塑造一个优秀的人格，让他们的创新创业能力得到全方位的提高。

二、职业院校创新创业教育的特点

职业教育具有与其他教育不同的特点：首先，它的培养目标，是有针对性的。职业教育以培养生产、服务和管理第一线的应用型高级技术人才为目标，培养的是一岗一才的专门人才，其价值取向是明确的。二是教育教学中注重实践，以实践为中心组织教育教学活动，并在实践的基础上开展相应的调查与分析。同时，理论研究具有较强的针对性，为实际工作服务。三是在教育与教学的过程中，职业教育呈现出一种开放的特征，因为它的培养目的的独特性，决定了职业教育不可能只提供一成不变的、封闭的、固定的系统的“知识”式的教育，而应根据市场需求和工作需要，进行全方位的、动态的教育。这就需要职业院校以其自身的开放性，来推动职业教育的持续发展。四是提高了职业教育的地域性。职业教育的兴起和发展，决定了职业教育必须立足于当地的发展需要，以此为出发点，以此为指导，以此来培养人才。

创新创业教育是在社会大发展的大环境下出现并发展的，它既体现着与时代环境相符，与社会形势相符的教育理念，也符合职业教育的特殊性。职业院校创新创业教育的特点主要表现在以下方面。

第一，职业院校学生在创新和创业方面的培养是突出的。高职教育所培养的是技术应用人才，他们既是创造社会资源的最直接的人，又是在社会运转中发挥作用的人。当今，在社会化大生产的背景下，人们对人才的创造力有了新的需求，特别是对处于前沿的技术应用人才的创造力有了更高的需求，所以，在进行创新创业教育时，要注意在继承传统的同时进行创新。它对教育内容和方式提出了变革和创新的诉求，并对培养和提高学生的个人能力提出了更高的要求。在对学生的人格进行发展时，要突破传统的教学模式，使其成为符合时代发展需要的具有创造性思维和创造性能力的优秀人才。

第二是职业院校的创新创业能力培养，注重实践能力培养；职业教育是一种技术应用型教育，它的特征是实践性，这也是它相对于其他教育的一个优点。所以，在职业院校中进行创新创业教育，除了要重视对学生的思维的创新性引导之外，还要加强职业院校的实践优势。在学校实施“以人为本”的创新创业教育中，应注重实践性的教学，使学生从“思想”到“行动”的转变。

第三，职业院校创新创业教育强调开放性。创新创业教育是一种思想，要实现创新，就要靠交流和合作，要靠开放，而职业教育又是连接职业教育和社会就业的桥梁，它一定要有开放性。所以，创新创业教育要加强开放教育的观念，让教育不再限于校园，而是与社会更广泛地联系，让人才的培养基于社会的需要，适应社会的发展，让受教育者在感知社会的需要的同时，增强自己的承受挑战的能力。

第四，职业院校创新创业教育强调社会性。职业教育是一种源自地区经济并服务于地区经济的教育，它跟社会关系是最密切的。所以，在职业院校中进行创新创业教育，要突出它的社会性，要对它的社会性有足够的了解，要让它成为一个庞大的社会工程，它需要整个社会的共同参与，这其中不仅要有对职业院校进行创新创业教育的投入，还要有国家对它的大力支持，还要有一个有利于它发展的良好社会气氛。创新创业教育的社会性还表现为其在缓解社会就业压力和推动经济发展方面所特有的实践价值。

第二节　创新创业教育的目标与内容

一、创业教育的目标

创业教育的目标在于培养大学生的创业意识，培养大学生的创业精神，培养大学生的创业能力。具体而言，创业教育的目标应是，通过理论知识的传授，培养学生的创业意识，提高其创业能力，使其具有较高的社会适应性，并在激烈的竞争中充分挖掘其潜力，为顺利地进行创业，实现自己开创性的事业奠定良好的基础。所以，在创业教育的过程中，除了讲授创业相关的理论知识，创业教育教师还要利用先进理念和实战机会，培养学生的创业精神与创业技能，让他们可以独立地立足于社会，并最终打拼出属于自己的星光大道。

创业教育旨在将大学生培育成为具有创业知识和创业品质的公民，使其成为具有独立人格和开拓精神的社会转型的积极参与者。一部分大学生通过创业教学的实施，掌握了自主创业、自主职业和创新致富的能力。因此，要把培养具有创新精神和创新能力的应用性人才作为最终目标。

二、创业教育的内容

（一）创业意识的培养

马克思主义认为，正确的观念对于客观世界有着积极的影响，而创业观念是一种内部驱动力量，它的培养对于人们的行为有着重要的引导意义，对大学生进行创业观念的培养，让他们明白，要想达到自己的目的，除了就业之外，还可以通过自己的创业来创造美好的生活。因此，对大学生进行创业教育，必须从提高大学生的创业意识入手。

意识，是一种能够推动人的个性发展的心理倾向。创业意识是创业素质的重要组成部分，由创业需求、创业动机、创业兴趣、创业世界观等构成。意识对物质有正向的作用，因此，创业意识也会在一定程度上影响创业者的动机、态度和行为。从这一角度来看，企业的创业观念对于大学生创业的态度与行为具有重要的影响。在创业教育中，培养大学生的竞争意识、创新意识、诚信意识、责任意识、敬业意识和协作意识，是大学生创业教育的重要内容。要在培养学生自主创业意识的时候，要注重对其进行的思想教育工作，充分激发其创业的积极性和热情，引导其端正创业观念，树立起一种科学的创业观念，使其勇于、乐于、善于创业。

（二）创业精神的培养

要培养一个人的创业精神，绝非易事，所以，职业院校在进行创业教育时，应注重培养学生的创业精神，使学生在工作中更有参与性和创造性，使他们在走上工作岗位后，能够积极面对各种困难，调整心态，保持一副斗志昂扬的精神风貌和百折不挠的意志。创业精神的具体体现是：艰苦奋斗、团队合作、敬业、开拓进取。

艰苦奋斗指的是一种不畏艰辛、艰苦创业、奋发图强、勇于奉献的坚韧精神品质，它是中国人在5000年前所倡导的一种民族精神，是一种优秀的文化传统。在创业的过程中，不可避免地会遭遇到许多的困难和挫折，因此，一个企业者应当拥有一种具有坚韧不拔的品质。现在的学生们，都是从小就成为了一个家庭的中心，他们会把一切的困难都由家长会来承担。要想在创业中获得成功，就要懂得如何去拼搏，要能主动面对种种困难，要能将创业所遭遇的困难视为自己的铺路石，并勇于前进。

团队精神建立在对个人利益和成就的尊重之上，其核心是协同，其倡导的是所有成员之间的凝聚力，反映出个人利益与集体利益的统一，进而促进团队的高效运转。

敬业精神指的是一种对某件事情、职业的热爱而导致的全身心投入的状态，它是一种对工作的一种道德要求，其本质是一种无私奉献。敬业精神是指一个人能够在他所从事的行业中树立一种主人翁精神，高度的事业心和责任心，是一种崇高的职业道德，能够养成认真踏实、精益求精的工作作风，积极乐观的工作态度，视自己工作的努力为无上的荣誉，能够自觉地抵御落后的腐败思想，以正确的人生观和价值观指导自己的工作。

创业精神是一种具有进取心和进取心的精神状态。所谓“进取”，就是胸怀大志，注重细节，在本职工作中做好自己手中的工作，使工作更加出色，从而使自身的价值得以体现。创业活动并非一定之规，要根据市场环境的改变而改变，要通过各种途径促进企业的发展，从而达到生命的价值。对职业院校学生进行创业教育，应激励他们敢于突破已有的思想，并在此基础上进行创新。培养学生的开拓进取精神，就是要教会他们如何在实践中去把握机会，如何积极地去争取，如何进行自主创业，如何勇于创业，如何发展自己，如何挑战自己，如何勇于面对困难，如何勇敢地向前。

（三）创业品质的熏陶

品质是人的天性与社会实践共同作用下的个体心理特质，它对人的心理与行为具有重要的调控作用。在创业的实践中，创业品质主要表现为：独立性、自制力、坚韧力和创造力。

独立性。独立性是指有能力去思考，去解决所有的问题。创业是一项具有较高实用性的活动，创业者一定要有自己独立的思想，不能随波逐流，这样才能不受环境的影响，实现真正意义上的创新。

自制力。创业要不畏艰辛，能调整自己的情绪，时刻保持清醒，切忌冲动，创业的过程中，总是徘徊在成败之间，果断是一个企业家的特征，但是，任何事情都必须有一个限度，超过了这个限度，就变成了专断。所以，创业者一定要把自己的心态调整好，现在的成败不能预测将来，既不能盲目地膨胀，也不能一蹶不振。

坚韧性。通常是指为达成一目标的而不屈不挠，始终坚持自己，面对困难，挫折，不公，甚至是被人冷落，都能积极面对，这是一种宝贵的心理品质。创业初期，困难和挫折在所难免，但有一颗坚定的心，不会因困难而动摇，始终向着自己的目标前进。通过培养坚韧性品质，正确引导学生面对困难，从而建立起创业的自信心，在创业的过程中，将困难视为踏脚石，坚韧不拔地实现自己的奋斗目标。

创新性。是一个人能够创造出独特的、有社会价值的东西的能力。所谓的独特性，就是可以在某一方面做得更深，更好。社会价值是指被发明之物既具有实用性，又具有道德价值。创造性的实质是创新思维，而创新思维的核心是辐合思维。

（四）创业能力的训练

创业能力是一个人创业成败的关键，是一个人综合素质的体现。创业能力主要有以下几个方面：一是领导能力，创业者不仅是自己的受雇者，也是自己公司的领导者，要领导团队，能有效地作出重大决策，能对所处的环境进行周密的思考和规划，起到领航者的作用。二是组织能力，一名成功的企业家，不仅要有一支优秀的队伍，更要有一套良好的管理机制，要有良好的人际关系，要有良好的环境，这样才能为公司的发展奠定良好的基础。正所谓"活到老，学到老"，企业家只有不断的学习，才能在竞争中不被淘汰。其中，学习者的学习能力表现为两个层面，即获得和应用所需的知识。当前，我国的五种发展思想中，"创新"排在首位，这充分体现了"创新"对一个国家经济发展的重要作用。创新既是人类历史发展的推动力，又是人类社会发展的必然要求。为了与时俱进，不被时代所淘汰，创业者必须具备创新的能力和才华，基于实践，不仅要在管理上创新，还要在技术决策上创新。在开展创业教育时，既要注重创业精神、创业理念，又要将这些理念融入到创业实践中，让学生在创业实践中得到人生的价值。

第三节　创新创业教育的必要性及可行性分析

创业是指创业者充分利用自己所拥有的资源，在特定的创业活动中，充分发挥自己的创造力和想象力，培养自己的创新精神，克服各种困难和挫折，创造更大的经济或社会价值。这是每个人都应当掌握的关键技巧。目前，国家对各种类型的大学，无论是在场地、设备、经费等方面，都给予了很大的支持，其中也包括职业大学。从当前的研究来看，多数学者认为有必要对职业院校的创业教育进行深入的研究，虽然职业院校是高校教育的一个重要阵地，但由于其与其他类型院校在人才培养的目标设置上有一定的不同，不能简单地套用一般院校的创业教育经验。职业院校的创业教育侧重于培养应用型创业人才，而一般大学的创业教育侧重于技术研究与开发人员。从这两个方面进行的比较中，我们可以发现，在这两个方面，职业院校的创业教育更多地关注于对实践技能的培养，它的目的是为岗位培养创业人才，而一般院校则更多地关注于理论的应用。为此，必须区分两者之间的差异，并对其在职业院校开展的必要性与可能性进行剖析，以确保学生在职业院校中开展创业教育。

一、职业院校开展创业教育的必要性

在职业院校开展创业教育，是对学生素质教育的进一步深化。在创业教育的内容上，通过对创业的心理素质、创业意识、创新能力、合作精神、创业品质的培养，提高了学生的创业素质。在职业院校进行创业教育，不仅可以培养敬业精神、创新能力、学科知识、教师技能等，还可以提升学生在知识、技能、能力、人格等各个方面的水平，推动学生综合素质的全面发展，还可以让学生发掘和利用自己的优势，把所学的创业思想和创业知识应用于将来的工作中，培养出一大批具有创立能力和高素质的人才。

（一）缓解严峻就业形势的要求

从中国当前的人才市场来看，企业和公务员的招聘中都明确规定了学历的要求，同时，职业教育的教学质量也受到了社会的质疑，总的来说，与一般的大学相比，职业教育的学生就业压力很大。大学生还没有过多地与社会接触，所以，在学校的创业教育中，要让这种教育手段和教育方式得以实现。可见，在学校创业教育中，加强创业意识、创业精神和创业素质的培养，对大学生树立正确的就业价值观具有重要的指导意义。在我国新常态经济发展的背景下，国家急需加快产业升级的大背景下，培养具有创业能力的应用型人才，将有助于缓解大学生就业压力。为此，职业院校应结合学生的实际情况，积极推进学生的创业教育。

（二）提高职业院校的核心竞争力的要求

在 21 世纪的时代，国家之间的竞争就是人才和科学技术的比拼，可以预见，在今后的职业学校之间的竞争中，大学生的创业精神、创新能力、创业质量将会是决定职业学校的主要因素。所以，职业学校要在发展的同时，找到自己的正确方向，正确地抓住自己的有利条件，树立自己的品牌，从而使自己的整体竞争力得到提高。在职业院校中，所进行的素质教育与创业教育所提倡的内容具有很大的相似性。在职业院校中，开展创业教育，可以培养出学生的良好行为习惯，拓宽学生的思路，持续提升他们的实际应用能力，这为我国职业院校实施开创性发展、提升竞争力提供了指导性指引。

（三）提高职业大学生综合能力、提升自我竞争力的要求

目前，我们的国家正在处在一个经济结构转型时期，这个时期，我们的社会对高科技的需求越来越大，有相当一部分的落后行业已经被我们的社会所抛弃，这就造成了我们的工作岗位越来越少，而我们的下岗人数也越来越多。伴随着高等教育的深化改革，各个高校都开始进行扩招，这些都给社会带来了巨大的人力资源，因为工作机会的不断下降，所以每一年都会出现大量的待业的毕业生，而职业院校的毕业生也属于这一类，他们面临着文化程度较低的社会地位，与普通的本科院校的大学生相比，他们的就业困难要大得多。因此，目前，国家一直都在提倡，要支持大学生群体的创业，大学生作为社会主义的接班人，其独特的性格和潜在的创新能力是其长处。以创业带动就业，可以为社会提供更多的就业机会。与此同时，伴随着社会的快速发展，电子商务也在悄悄地崛起，原有的教育体制已经不能满足当今教育市场的竞争需要，因此，除了要强化自身的专业知识之外，还要能够抓住时代的脉搏，具备创新能力和整合教育资源的能力。

二、职业院校开展创业教育的可行性

（一）职业院校实施创业教育的内部因素

首先，职业学校大学生具有显著的专业技术优势和强烈的创业意愿等独特的优势。

第一，在以成绩来衡量能力的中小学时期，大多数高职生的学习成绩都不太好，所以在学习知识上，他们并不如普通本科生那么出色。但是，高职生与普通本科生的区别在于，高职生更加重视培养既要有基础的理论知识，又要有较强的实践能力，因此，高职生的大多数高职生都会有更好的动手能力，比起理论性的知识，他们更喜欢动手操作，也更乐于参与到实践能力的培养中去。高职生的教学目的是为了让他们能够更好地融入到自己的工作中去，它所传授的东西更接近于生活，更易于被学生所接受，从而能够充分地激发他们的学习动力。高职生的实践性特点，跟高职生的创业教育思想是一致的。

第二，职业毕业生大部分都是走上社会，寻找一份有保障的工作。从社会角度来看，由于职业院校学生的学业成绩比本科生差，造成了他们的综合素质比本科生、研究生差，所以，职业院校学生的社会地位一般都比较低，所以，提高创业型的综合素质无疑是缓解其就业压力的一个方向。

第三，建立了“校企合作、产学结合”的职业院校人才培养模式，以校内外实训和毕业实习为主，毕业实习和校内外实训贯穿了整个职业教育的全过程。在生产实践中，大多数学生都是到工厂里去实习的，他们的工作环境比较艰苦，在这种艰苦的工作中，他们可以不断地锻炼自己的抗挫能力和艰苦奋斗的精神，这些都是进行创业教育的一笔宝贵财富。

其次，职业教育与创业教育在运行模式上具有一定的相似性。

第一，从某种意义上说，创业教育与职业教育在培养目标、培养内容、培养特点等方面有着共同之处。作为高等学校的一个主要环节，职业教育担负着培养技术型和应用型人才的重任。在 1985 年《中共中央关于教育体制改革的决定》中，就“大力发展职业技术学院，并在此基础上，逐步形成一种由低到高，产业配套，结构合理，且与一般学校衔接紧密的职业技术学院”。职业教育的目的一是与社会经济发展相适应的，它对各行各业都有很高的要求；二是把复合性、全面性和全能性的教育放在了突出位置。创业教育侧重于对学生的实际操作能力的训练，需要学生与现实生活相联系，进行计划和统筹，从而提升学生的整体素质。两种教育的融合合情合理。

第二，职业院校教师培训呈现“双师型”特征，这种特征符合职业教师培训的要求。我们相信，决定教育成效的关键在于教育者是否具备扎实的理论基础，以及能否满足学员多样化的教学方法，要想让职业院校的创业教育取得实效，就必须提高师资队伍的素质和素质。相较于本科院校，因为它的职业教育理念，所以它配备了一支拥有一定实践能力的教师队伍，他们不仅从事具体的实践活动，而且拥有扎实的理论知识，并且建立了一支专兼职的教师队伍，为开展创业教育提供了强有力的支持。

（二）职业院校开展创业教育的外部条件

第一，21 世纪新经济条件下职业院校学生进行创业教育；在我国 40 年的改革开放以来，我国的经济发展不断提高的今天，21 世纪的竞争，将是以人力资源的开发与科学技术的发展为主导的一次综合实力的较量。在这种竞争的情况下，我们要把握机遇，加速发展生产力，在科技上，用创造性的方法培养创新的人才，培养他们的创业精神，把廉价的劳动力转换为高质量的、高水平的人力资本，从制造大国向创业强国转型，实行创新驱动发展，使我们从一个发展中国家的困境，进入一个中等发达国家的行列。我国要由发展中国家转变为中等发达国家，就需要培养一批知识渊博、视野开阔、勇于创新的创业者，以创业带动就业，进而推动我国的经济发展。

创业是中国特色社会主义建设的必然选择，也是时代发展的必然选择。目前，国家实施的创新驱动发展战略，就要求社会要塑造出一批出色的创业应用型人才。在当今的时代，我们急需一种能够在培育人才的摇篮中，以具体的学校教育为着眼点，我们要努力推动创业教育的顺利进行，从而在各个领域中都能培养出一批具有良好素质的创业型应用人才，从而提升了高新技术成果的转化率，并利用其辐射效应，来促进传统行业的发展，从而促进国民经济的发展，从而提升我国的综合国力。

第二、积极的国家政策扶持，是职业院校创业能力培养的重要保证。最近几年，中央出台了很多支持大学生创业的政策，不管是从流程上，还是加大政府的投资力度，这都将为大学生们在创业路上扫清道路上的阻碍，让大部分的大学生能够更好地投身于创业的道路上，在这样一个有利的条件下，职业学校要抓住机会，推动创业教育的成功进行，提高学生的综合素质。

第四节　开展创新创业教育的理论基础

创新创业教育的主要目的，是要培养具备创业的基本素质和创造性的人格的人才，它并不只是要对在校学生的创业意识、创业精神、创新创业能力进行重点的教育，它要面向全社会，对那些打算创业、已经创业、成功创业的创业群体，进行有步骤、有层级的创新思维和创业能力的教育。创新创业并非无中生有，而是需要知识的传播、转化与应用。职业院校在培养创造性人才方面，绝不仅仅是为了教学改革而改革，它需要深厚的基础理论做支持。

一、人力资本理论

人力资本是一种以知识和技能为核心的的人才资源。“人力资本”的概念起源于18世纪。近代经济之父亚当·斯密于1776年在其名著《国民财富的性质和原因的研究》中提出：一个人经过自己的努力而取得的知识、技术，已经变成了他自己的一种才能，因而也应该被看作是一种社会的财产，属于一种固定的社会资产。

20世纪中期，伴随着社会的进步和科学技术的进步，人们对人才资源的认识逐渐形成了一个较为系统的理论体系。美国学者西奥多·舒尔茨在《论人力资本投资》一书中曾提出：“人力资本的好坏，主要由企业、个体等各方面的投入所决定，而它的好坏，则由投入的大小来决定。”在众多的人才培养方式中，教育是最主要的培养方式之一。许多国外学者认为，教育作为一种生产投入，在促进经济发展中起着重要的作用。

在所有的资源中，最有价值的就是人才，因此人才成为现代经营的中心。对人力资本的经营进行更好的提升，这既是经济发展和市场竞争力的要求，也是一个国家和一个民族长期繁荣发展的重要保障，更是一个现代人类能够将自己的潜能发挥到最大程度，以适应和改造社会的一项关键举措。所以，对企业进行有效的人力资本经营具有重大的现实意义。

（1）通过对人才的科学管理，能够做到人才的精简、高效，从而使人才的利用价值最大化，就等于人的有效技术得到了最大化。

（2）通过一些措施，使人的主动性和创造性得到最大程度的发挥，即使人的主观能动性得到最大程度的发挥。调查结果显示：固定工资的雇员一天只要发挥百分之二十到三十的能力，就足够维持自己的工作了。只有充分调动学生的积极性和创造性，才能使学生的潜能得到最大程度的释放。

（3）人力资本的有效性是随着教育与培训而不断提升的。无论在经济上还是在政治上，人类社会的发展归根结底都是为人自身的发展服务的，马克思认为，教育既是促进社会生产力的手段，也是培养全面发展的人的手段。随着社会的不断发展，人才的培养与培养已经成为人才发展与管理的重要组成部分。

21 世纪，中国正处于知识经济的时代，同时也是创业的时代，这是由于人才的竞争越来越激烈，就业形势越来越严峻，国家的经济发展方式也在发生着巨大的变化，这就需要提高人才的质量，加大人才的开发力度，加强高职教育的人才培养，提高高职教育的人才培养模式。在对大学生进行知识技能教育的同时，还应从文化修养、创业精神和创新创业能力等方面入手，全面提高大学生的综合素质。

在人力资本理论的支持下，对创业人才的培养具有一定的理论基础，这是一种时代的需要，而职业院校所培养的创业人才也是经济发展和社会进步的有力推动者。

二、实用主义教育理论

19 世纪后期，美国出现了一种新的教育思想，这种思想是在对赫尔巴特等传统教育进行批判的基础上，结合美国的实际文化，对 20 世纪世界范围内的教育理论研究与实践产生了深远的影响。美国哲学家、教育家杜威、克伯屈等都是实用主义教育理论的典型代表。杜威在教学中强调了教师与学生在教学中的协作。他认为，在教学过程中，鼓励学生自己去发现和解决问题，这并不意味着老师可以坐视不理，一言不发，而应该让学生一起参与到自己的活动中去。在这样的互动中，老师和学生对他们在教学和接受教学的认识愈低愈好。杜威不赞成以恐吓、镇压等方式来实施教育，他认为每一科的教学都应该是一个师生互动的过程，即教师和学生都应该以平等的身份参与其中。

实用主义教育理论的观点总结如下。

第一，教育就是生活，教育的进程与生活的进程是一体的，并不是为未来某一种生活作准备。

第二，教育也是个人经历的增加，教育的终极目标就是使学生能够在现实生活中增加自己的经历。

第三，教育就是一种成长，它是一种个体经历的积累。

第四，以学生体验为核心的课程设置，突破了原有的以专业为核心的教学模式；

第五，在教育与教学过程中，教师已不在是单纯的“老师”，而仅仅是“帮助者”的角色，而是“学生”的角色才是教学的中心。

第六，在教学中要重视学生的创新精神，主张让他们自己去研究，自己去发现问题。

在今天，实用主义的教育哲学仍被视为具有巨大的社会价值，并被视为“杜威的教育思想仍具有活力”。

综上所述，实用主义教育理论所提倡的“以学生为中心”“活动课程”“做中学”等特点的教学理念，为转变教学思路，更新教学模式，制定创业人才的培养策略奠定了理论基础。

三、创新型国家理论

一般情况下，人们把一个国家按其工业化与现代化的道路来区分：一些国家以其本国丰富的自然资源来提高其本国的财富，例如中东的石油生产国，这是一个资源依赖国；有的国家对发达国家的资金、市场、技术等方面的依赖，比如拉美地区的某些国家就属于依赖型；另外，有些国家将科技创新视为根本战略，对科技创新能力进行了大幅提升，从而形成了越来越强的竞争优势，在国际学界，这一类国家被称为创新型国家。创新型国家是一个将科技创新作为经济和社会发展的核心驱动力量的国家。具体来说，就是全社会在创新方面的投资越多，关键产业的国际技术竞争越强，投入产出的效率越高，科技进步与技术创新对一个行业的发展与一个民族的财富增长都有很大的影响。

作为创新型国家，至少要具备 4 个特点：

（1）科研投资较高，国家科研投资在国内生产总值中所占比重通常超过 2%；

（2）具有较高的自主创新能力，一国对外技术依赖指数一般低于 30%；

（3）对科学技术的贡献大于 70%；

（4）创新能力强，全球 20 多个被认可的创新型国家，其发明专利在全球范围内占有很大比例。

要想在激烈的市场竞争中获得先机，就必须要通过科技创新来提高一个国家的综合国力和核心竞争力，因此，国家将推进自主创新、建设创新型国家，作为贯彻科学发展观的一项重要的战略决策。“建设社会主义现代化强国”的理念在我们的社会中得到了广泛的应用。

以建设、服务、管理为核心，以科研为核心，以培养创新型人才为己任。在促进科技成果转化和服务于社会主义现代化建设中，创造性人才的地位却是不容忽视的。在我国建设社会主义现代化强国和全面建设社会主义现代化强国过程中，培育创新型人才具有十分重要的意义。

四、人的全面自由发展理论

在《共产党宣言》中，马克思把社会主义新人类的基本特点总结为：“每一个人都得到了充分的、自由的发展”。“人的全面、自由发展”包括两方面：一是人的人格与智力的全面、理性发展，即人的道德、智力与情感的全面、和谐发展。二是个体的人格与才能的自由发展，即个体在生活中进行着自由而又有意识地创新。“一切人的自由发展”与“每个人的自由发展”及其辩证关系，构成了马克思“人的全面自由发展”理论的基本内容。

马克思认为，人的整体发展包括人的自由发展、人的人格发展和人的智力发展三个方面。传统的以为社会的政治和经济发展提供高素质的人才为主要目的的教学方式，在教学实践中存在着重共性轻个性的趋势，这明显违反了人的全面和自由发展的要求。从学者对创造性人才的定义来看，创造性思维、创造性能力、创造性品质和创造性意志的需求，实质上是建立在人的全面、自由发展基础上的。而促进人的全面而又自由的发展，又与推动社会经济文化发展相互为条件与依据。人的发展愈充分，就愈能产生更多的社会物质和精神财富；相反，越是丰富的社会物质和精神资源，就越是能够促进人的全面和自由的发展。

“人的自由、全面发展”的思想已经在当代高校教学工作中得到了充分的体现。“以人为本”是党在建设社会主义现代化国家过程中，坚持以人为中心，把人的全面、自由的发展与全社会的协调统一相结合的思想，在建设社会主义科学发展观方面具有重要意义。因此，职业教育要转变教育观念，树立“以生为本”的办学思想，按照青少年身心发育的科学规律，积极开展高质量的教育实践。

五、创新教育理论

目前，大多数人认为，职业教育，就是工作在最前线的高技术人员，他们只能根据设计师提供的设计图，进行施工，没有任何创新的空间和需要。因此，当前的职业院校仅仅注重技术训练和标准化训练。但是，人终究不是机器，凡事都有自己的独创性。企业的技术发展与实力提高都来源于其生产行为。为何要倡导校企合作、工学结合，并开展工作过程的系统化教学，其出发点就是要将课堂上传授的死知识、工艺规范与生产实践相结合，发挥人在劳动过程中的主动性和创造性，积极地进行学习，深入理解和体悟操作、人机对话过程中所蕴含的知识、规律与问题。职业院校培养的是最需要从第一线获得新知识的专业技术人员。课本，始终落后于实际，不能完整地复现实际的所有事物，尤其是在工作中已有的知识；教师所传授的知识与技能，都是规范化、系统化、理论化了的再加工知识，遗漏、缺失、偏差、固化、表述不准等，在所难免。

按照知识是否能够被清楚地表达出来并进行有效的转化，知识可以被划分为两种类型，分为显性知识（Explicit Knowledge）和隐性知识（Tacit Knowledge）。在社会生产和生活的特定活动中，有很多的隐性知识，这就要求有一定知识底蕴的“有心人”去发现、去总结、去提炼，去提出解决办法，去攻克和解决一个个隐性问题，这就是科技的进步。科技进步并非一蹴而就，而是一段时间积累下来的逐步变化。从隐性知识向显性知识的转换，就是构建可重复使用的知识系统。着重于信息的收集、组织、管理、分析、传播。在此过程中，新观念是在信息的不断聚集中生成的。私有知识是无法被直接分享的，只有知识中的相关视角和信息可以被分享。别人接收到的信息是通过对它的感知、理解和内化，从而形成自己的新知识。

内化，是指新生成的显性的知识，再将其转换为隐形知识。显性知识的内化是指知识的运用和创新。知识管理以创新和运用为最终目的，而一个组织是否能够在市场上获得竞争优势，则依赖于它是否能够对自身的知识进行有效的运用，以及它是否能够持续地创造和更新知识。通过四个阶段，即经过隐性到显性，再由显性到内化，企业的竞争能力不断提升，企业的知识管理逐步形成了一个基本的循环。

在从知识创新到技术进步的这一转换过程中，从隐性知识到显性的转换是最为直接、最为有效的知识生产方式。在新知识的生成过程中，企业内个体所具有的隐形知识，是企业新知识生产的核心。如何对员工进行有效的隐形知识激励、规避转换障碍、增强转换模式间的交互效应，都会对企业新知识的生产水平产生重要影响。在生产第一线工作的工人，除了具有将隐形知识转变成显性知识的作用之外，其劳动本身也是一个智慧应用和创造的过程。

职业教育培养的是高技术、高素质的专业技术人员，是生活在生产第一线的劳动者。没有创造教育的内容，我们的职业教育就像是向一台机器上编程，而非真正的人。如果要培养人，并且要成为人才，那么就应该以创造教育为核心。

六、蒂蒙斯创业理论

创业理论源于18世纪时entrepreneur（创业者，企业家）这一词的出现。后来，关于创业的研究也越来越多。学者们从不同的角度讨论了与创业有关的创业现象、创业本质、创业理论。杰弗里·蒂蒙斯是一位著名的创业学教授，同时也是一位创业研究方面的权威，自1999年开始，他就担任了美国全国创业理事会委员会的特别顾问。蒂蒙斯对创业过程模型给出了经典的诠释。

第一，商业机会是创业活动的核心驱动因素，创业者或团队是创业活动的主导力量，资源是创业活动的重要保障。一个新的开始是从一个新的机遇开始的，而不是从资金、策略、网络、团队或者商业计划开始的。在刚起步的时候，业务机遇比资金、团队的才能与能力，以及合适的资源更为重要。企业的资源和机会之间存在着“契合-缺口-契合”的动态变化过程。企业策划是一种用语言和规律来表达创业者、商机和资源三个要素的品质，它们之间的匹配和平衡。

第二，企业创业的进程是创业者、商机和资源三个要素的配对与均衡，即企业机会、企业家与资源的配对。位于模型底层的创业者或工作团队，要擅长进行配置与均衡，以此推动创业的发展，他们需要完成的关键环节有：对机遇进行合理的分析与掌握，对风险进行识别与规避，对资源进行最合理的利用与分配，对工作团队的适应性进行分析与认知。

第三，创业的进程是一系列行为的集合，它们在不断地寻找着平衡。在这三个因素中，没有绝对的均衡，只有寻求一个动态的均衡，才能使创业持续发展。以一种均衡的理念看待未来的企业，创始人必须思考的问题是：当前的团队能否引领公司的未来成长、资源状况；企业在下一个阶段要取得成功所要面对的困难。这些问题在创业发展的各个阶段表现出各自的特点，并与创业的可持续发展密切相关。

蒂蒙斯的创业理论，从商业机会、创业者和资源三个层面，阐释了商业机会和创业者以及它们的内在联系，为企业的发展提供了新的视角。蒂蒙斯的创业理论为创业者的培养、创业者素质的培育等提供了一些理论上的借鉴，具有方法论的意义。

第五节　职业院校创新创业教育模式

在“大众创业，万众创新”的号召下，我国的创新创业教育可谓是“风头正劲”，但同时也存在一些问题。其中，职业院校担负着在中国特色的新时期培养高素质的创新型人才的重任，其在创新创业教育上的成绩尤为突出。但是，在迅猛发展的同时，职业创新创业教育整体上也表现出了小众化和精英化的特征，在实践操作过程中出现了“重实践训练，轻价值引领”“重成果创造，轻创业精神”的不正常发展局面。究其原因，主要是由于我国职业院校在实施创新创业教育过程中，本着“毕其功于一役”的急于求成的思想，采取“单打独斗”的方式，不能与政府、企业、学生等多方面共同“作战”，从而限制了我国职业院校创新创业教育的纵深发展。

一、职业院校开展创新创业教育的多重意义

（一）创新创业教育的开展有利于解决新时代发展变化了的社会主要矛盾

党的二十大报告提出，中国特色社会主义进入了新时代，这是在社会主要矛盾发生改变的基础上，也就是，我们社会的主要矛盾已经转变为人民不断增长的美好生活需求和发展不平衡不充分的矛盾。在这种情况下，要想缓解社会的矛盾，必须从提高发展质量和改善发展结构入手，但仅靠传统的常规和同质化的人才，是难以实现经济和社会的跨越发展的。所以，作为肩负着为社会发展培养高素质人才任务的职业院校，必然要在人才培养模式上进行创新，突破以往传统的培养方式，利用创新创业教育，将学生的创新意识和创业能力作为重点，为解决新时代社会主要矛盾的解决提供人才支持。

（二）创新创业教育的开展有利于教育领域供给侧结构性改革的顺利推进

目前，我国职业学校的毕业生数量一直保持着较高的水平，大学生们面对着严峻

的就业压力，但是许多单位，特别是一些高精尖的大公司，在对人才的要求上还处于“吃不饱”的状态。在此情况下，职业院校在学生中进行创新创业教育，能够改变传统教学方式下培养的知识结构同质化人才的弊端，有利于职业院校在人才培养上的供给侧结构性改革，有利于职业教育在教学上的创新性发展。

（三）创新创业教育的开展有利于顺应市场经济对人才的需求

职业院校的定位是为用人单位培养符合需求的人才。职业教育是我国社会主义市场经济的重要组成部分，在日趋残酷的社会环境下，必然要遵守“优胜劣汰”的原则，要想在社会上立足，就必须对其进行改革和创新。目前，我国已经进入了一个逐步加速发展的新时期，而市场经济又对新时期的人才提出了更高的要求。所以，职业院校唯有在扎实的基础上，进行创新创业教育，使学生在扎实的基础上，做好专业教育与创新意识培养、创新能力塑造的衔接，才能确保学生适应不断变化发展的时代要求，才能保证其在市场经济中勇立潮头。

（四）创新创业教育的开展有利于缓解就业压力、培养创业人才

这就是职业院校学生进行创新创业教学最直观的影响。通过对大学生进行创新创业教育，培养其具有较强的创新思维和较强的综合能力，从而在毕业季节“独辟蹊径”地开展创业活动，达到“以创业促就业”的目的，为大学生的就业开辟了一个更为多样化的途径。学生在理解了创新意识、掌握了创业技能后，即使在毕业后不立刻创业，这些意识、技能也会被不知不觉地融合为综合能力，对学生的工作、生活产生影响。

二、职业院校创新创业教育发展面临的困境

当前，创新创业教育已经成为许多职业院校“标配”，特别是随着创新型国家建设的“顶层设计”的出台，我国职业院校的创新创业教育更是风头正劲。但同时，也有不少高校在开展创新创业教育中，存在着一些问题。

（一）职业院校对创新创业教育的定位出现偏差

目前，不少职业院校在进行创新创业教育时，存在着盲目性和跟风性，其表现为还没有完全认识到创新创业教育是一个整体的教育体系，便仓促地开设相关的课程，

并将其融入到日常的教学体系中。我们都知道，创新创业教育是一个整体的结构体系，它主要由两个层次组成，即：创新意识和思维、创业能力和素质。这两个层次相互依赖、互相促进。因为对创业的认识不准确，许多学校在实施创新创业教育时，仍然遵循着传统的教学模式，只注重企业的视觉实践和结果，没有注重对学生的创造力和思维的培育，导致了学生的创造力和品质得不到充分的支持，从而导致了“江郎才尽”，这与我们实施创新创业教育的目的相悖。

（二）创新创业教育与专业教育体系不相融

前面已经提到了，创新创业教育本身就是一个完整的体系，而课程建设仅仅是其丰富内涵的一部分。但是，现在许多职业院校对创新创业教育的理解却是片面的，有些院校的创新创业教育课程更是以选修课的形式存在，这就很难建立起一个完备的、健全的创新创业教育体系。理想的创新创业教育是，职业院校以自己的专业教育为载体，根据学生特点、专业实际、就业环境以及社会需求，目前，我国的创新创业教育已脱离了“知识型”“专业化”的培养模式，与专业教育体系不相融。

（三）创新创业教育资源相对缺乏

创新创业教育的资源来源，主要有两个方面：一是理论研究，二是师资。一方面，由于我国的职业院校的创新创业教育起步比较晚，它的理论依据主要是从国外和国内大学获得的创新创业实践经验，所以，在理论依据上还需要进一步的提高。另一方面，在创新理论和实践两个方面也存在着人才短缺的问题。目前，我国许多学校的大学生创新创业导师都是以就业指导为主要工作内容的。这些教师不但本身缺少创业经验，而且有相当一部分人甚至还没有完全掌握最基本的创新创业理论知识，所以，他们对学生的实际创新、创新实践所能起到的指导作用十分有限。

三、职业院校创新创业教育模式构建

目前，职业创新创业教育面临困境，主要原因在于，各参与方都在各自为战，政府、企业、学校和学生之间还没有形成一个共同的系统。为此，各参与方需要加强合作，构建“政、企、校、生”多维协同的创新创业教育模式，以提高其质量与水平。

（一）政府充分发挥在职业院校创新创业教育模式中的主导作用

职业院校学生创新创业教育不仅是一个教育性的问题，而且是一个与国家和人民密切相关的社会问题。为此，必须从宏观角度出发，在职业院校实施创新创业教育。主要内容如下：

第一，坚持政策先行，保证主动导向的有效实施。目前，职业院校的创新创业教育正处于高速发展阶段，但发展极不平衡。因此，政府应在管理导向、指导思想等上，倡导政策先行，通过完善的政策机制，指导职业院校在组织规划、目标定位、成功激励等方面进行改进和完善。第二，要营造一个有利于大学生创新和创业的氛围，转变他们的择业理念；当前，全社会的就业形势不容乐观。在各创新创业组织中，生存型创业者占有相当大的比重。在此背景下，职业学校的创新创业教学不可避免地出现了侧重于培养学生的技术、实践等方面，而忽略了对其职业发展的整体规划。因此，国家应当在整个社会上，大力培养创新创业的气氛，转变大学生自身的就业理念，使其自觉树立自己的创新意识、创业思想，主动投身于创新创业活动。第三，改进高校大学生创新创业工作的工作机制，完善高校大学生创新创业工作的支持机制；相对于传统的就业模式，我国的创新创业教育还处在“摸索”的初期，相关的法律、保障和服务等方面都需要进一步完善。要从规划、风险评估、创业指导、孵化、跟踪支持、奖励和保护等多个角度，强化对职业毕业生的服务，提供“一条龙”的服务。

（二）院校充分发挥在职业院校创新创业教育模式中的主体作用

要进行创新并进行推广，最重要的还是要看学校的层次，因此，院校要充分发挥自己的主体作用，构建具有自己特色的创新创业教育体系，将创新创业教育与专业教育相融合。在相应的商业过程中，可以粗略地分成以下级别：

第一，实施“金字塔”型创新创业培养模式，以适应各年龄段的人才需求；在低年级阶段，通过开设一门必修课，对学生进行基础的创新创业教育，以提高学生的创造力；本研究以具有创业倾向之高年级学生为研究对象，探讨其创新创业核心能力之培养。在此基础上，经过校内选拔，选出一部分兴趣浓厚、潜力巨大、初步具备创业技能的学生，对他们进行创新创业理论知识和实践技能的培训，为其将理论知识转化为创业能力创造条件。第二，要加大对学生教育培训方式的改革力度，探索学生教育培训方式的创新；任何一所职业院校，单凭一己之力，难以确保各学科的毕业生能够得到全面、高质量的创新创业培训。因此，高校应当将自己的专业和优势学科结合起来，通过校际交流、联合培养等形式，尽可能地扩大学生的创新创业视野。第三，开展“青年学生创新创业训练计划”，并在此基础上，组织青年老师与在校生开展交叉领域的科研课题申报工作；学科交叉区域历来都是一个重大的创新点和学科增长点，由不同专业、不同知识背景、不同研究方向的年轻教师和学生联合开展学科交叉课题的研究，并在校内刊物上刊登，有利于调动教师和学生的创新积极性，提升学科的创新力和竞争力。第四，要加大对大学生创业导师的培训力度，利用校际交流和校企交流等方式，建立一批具有较高专业水平大学生创业导师。在开展大学生创新创业教育过程中，不能忽略教师在其中的角色。当前，许多学生在创新创业教育中存在着较大的不足。为提升师资的教育水平，在保证创新创业导师的专业水平的同时，还能与各大高校进行相互沟通，使职业创新创业导师具备较强的理论素养、较丰富的创业经验和较好的教育质量。此外，还应加强与企业的沟通与合作，聘用一批经验丰富、成果显著的兼职创业导师，确保在市场经济条件下，在学生进行创业实践时，能够得到全面、完善的指导。第五，结合学校的专业和学生的具体状况，编制具有针对性、前瞻性、指导性的学校教育课程，强化对师生的教育指导功能。

（三）企业充分发挥在职业院校创新创业教育模式中的协作作用

职业院校学生的创新创业教育，其成功与否，取决于其在市场经济中的地位。在学生的创新创业教学过程中，企业是市场经济的主要参与者，其合作伙伴关系是学生创新创业教学的主要内容。具体地说，企业的角色不仅仅是为创业者提供兼职指导，它还可以发挥如下功能：

第一，帮助学校进行校内、外部资源的有效结合，积极主动地与政府和学校进行对接，建立健全的全方位的创新创业平台联系体系。在企业中建立起了一个创新创业实践基地，并让学校的学生来公司进行实地考察，让他们能够更好地参与到公司中去，这样他们就可以更好地开展自己的创新创业实践，从而提高自己的创新创业实践能力。第二，创建一个由各方共同参与的孵化器。由学校筛选出一批创新意识较好、市场需求强烈、创业潜力巨大的项目，并将其纳入孵化基地，在市场经济环境下进行充分的孵化。从而使创新创业企业能够抵御市场环境的冲击和风雨，不再是“温室里的花朵”，进而提升应对广阔市场环境的竞争力。第三，要重视新进员工的创造性思维和创业能力，并对其进行有效的管理。创新创业教育是一项长期的策略，只有在公司设立了一套与之相适应的准入制度，来评判、考核求职者的创新意识和创业能力，才可以将各个方面，特别是职业院校和学生，都可以积极地展开自己的创新创业意识。

（四）学生充分发挥在职业院校创新创业教育中的主观能动性

学生是创新创业教育的主体。学生要想在当前的社会环境下取得良好的创业成绩，就必须主动地参与到学校的创新创业教学活动中来。

第一，要建立一个关于择业的正确的概念，并在此基础上培育自己的创业意识。当前，不少学生创业者仍然抱着“生存型”的创业心态，对自己的创业生涯没有清晰的计划。这就要求学生要保持清醒的头脑，认清自己的处境，并摒弃“生存型”的功利性思维。第二要注意情感智力的培养，以提高自己的创业者素质。在一个企业里，没有什么是一路顺风的。学生创业者要增强自己的情感修养，在获得成就时要理智对待，保持清醒的头脑；在面临压力和挫折的情况下，不会放弃，并从中汲取经验，这样就可以让自己一直处于一个很好的创业状态。第三，要主动参加和开展创业教育相结合的实习活动。在开展创新创业教育的过程中，学校会组织一系列的社团活动、创业竞赛、社会实践等活动，为学生创业者们提供了一个可以参加创业锻炼的机会。学生创业要积极地抓住机遇，历练自己，累积自己的经历，为走上未来的就业战场做好充足的准备。

（五）创新学习标准，达到人才培养的目标要求

首先，在开展“五位一体”创业教育时，应充分分析“五位一体”课程的主要内容，明确“五位一体”课程的目标；学校可以利用模拟体验、创业实践、课程引导、团队扶持、社团互助、课程教学等方式，加强创新创业教育。在课程的学习中，可以由学生按照自己的兴趣进行自主的选择，使各学科之间可以互补，以规范的课程与教学标准促进了创新创业教育的科学化发展。其次，在创新创业的教学中，通过创新创业的教学活动，对学生进行创新创业的教学，比如编程设计、机械创新设计、创业项目设计等等，让学生在教学中充分的展现出自己的能力。在对人才进行分层教育和培养时，可以按照学生学习的情况进行分类，而对那些具有较差的创新创业基础的学生，则应注重其在模拟体验、创业实践、课程指导等方面的学习能力的训练。在学生具有较强的创新创业能力和经历的情况下，学校可以通过鼓励学生创业，让学生团队之间合作，社团之间交流等方式，创建一个创新创业项目，为学生将来的学习和发展提供一个良好的保障。最后，学生的创业能力、创新意识在持续提升，五位一体的创新创业教育者可以采取因材施教的方法，根据学生的学习水平和实际情况，进行有效的培训，在因材施教和个性化的创新创业教育的引导下，让学生提升自我发展能力和实践创新意识。

（六）优化实践的方式，提升教学效果

在新时代条件下，当前的人才市场对毕业生的能力有了更高的需求，不仅要有

一定的理论知识，还要有应用综合的专业技术来推动创意设计的发展。遇到相关问题时，还要有问题的解法，才能更好地进行工作。这就要求职业院校在培养人才的同时，要注重提高人才培养质量。一方面，在五位一体的创新创业教育工作中，职业院校可以突破传统教学的限制，改变注重于学生知识点传授、传递的教学模式，采用项目教学法、小组教学法和研究性教学法等多种教学方法。通过这种方式，让同学们从实践中得到感悟和经验。在创新创业教育过程中，老师可以让学生以具体的项目任务为牵引，加强对学生应用能力的训练，使学生在完成相关培训项目后，具有一定的创新创业能力。同时，在进行创新创业教育的过程中，应该给学生以自主选择的权利，并在实验室和相关的创新创业平台上，进行各种形式的创新实践项目。比如，把基础项目、综合性项目、设计项目等都包含在内，这样就可以使学生在逐步发展的过程中，不断地提高他们的创新和创业的能力。在五位一体的教学过程中，老师们可以使用一帮一的项目培训指导方法，在进行项目实践和活动的过程中，让学生对自己的学习目的有一个清晰的认识，并利用学生之间相互交流、合作等形式，来提升自己解决实际问题的能力，从而让自己所学到的东西得到升华。同样，在优化实践教学的方法时，可以引入综合设计项目，将模拟体验、创业实践、课程引导等五位一体的方式融合到创新创业教育的综合设计项目中。只有这样全面、周密的培训，才可以强化和训练学生的实际操作能力，提高他们对教学内容的运用和理解，从而达到学以致用的目的。

（七）加强制度建设，实现示范与辐射有机结合

“五位一体”创新创业教育是一项庞大而系统的工程，而系统建设又是这一工程的重要组成部分。在人才的培育中，应重视制度的构建，形成一整套完善的制度，将五位一体的创新创业教育中的任务、教学内容细化到每位学生，并将教师教学、行为、管理等诸多方面的制度内容纳入到制度的构建中，让学生在不同的环境中形成良好的行为习惯，形成工作准则，提高其创新创业的能力。在高校的实际工作中，应注重对高校大学生进行创新创业教育的学校文化建设，并将其纳入高校的学校文化建设中。比如，可以构建出一套可以定期举行名人研讨会的系统，在研讨会上对他们展开创新创业教育的内容，让他们在这些活动中感受到了创新创业的快乐和内涵，同时还可以对他们的健全人格和能力进行培养。为了达到示范和辐射的效果，在开展五位一体的创新创业教育工作中，可以通过建立创新创业实践基地，加强产学研一体化发展，校企合作育人等形式，加强对学生能力的有效培养。要使企业和社会都能充分地融入到这“五位一体”的大学生创新创业教育中去，从而提升大学生创新创业教育的教学水平。

第二章　中外创新创业教育比较

第一节　国外职业院校创新创业教育

一、美国职业院校的创业教育

在美国，创业已经成为了促进经济发展和科技创新最重要的力量。美国人日益增长的生活水准与学校创业教育有着紧密的联系。如果在学校中开展创业教育，该怎样开展呢？是不是应当将其视为一个独立的教学领域，还是应当将其视为一个具有整体课程设计的学科？就像哲学或音乐学科那样，将其视为一个研究领域，具有自己的特殊含义。虽然创业教学可以让学生自主学习，但它更接近于音乐教学，而非哲学教学。一个哲学家也许可以为别人撰写一本哲学书，但一个音乐家和一个企业家要想取得成就，就必须有很多“外行人”。音乐人所需的是观众，创业者所需的是市场。因此，在创业教学中，创业教学与艺术教学更为接近。

“创业教育”和“音乐教育”都表现出了很大的“延展性”，从“专职”向“业余”拓展。创业教育既要面向创业者，也要面向市场。顾客是创业的主导者，他们对创业者的成功做出判断。就像音乐教育能够让人感受到音乐中所蕴含的技巧、经验和艺术价值一样，创业教育也能够让人了解到创立新企业所需要的技巧和智慧，同时也能让人了解到整个社会的政治、文化和经济基础。

（一）美国职业院校创业教育的发展历程

美国的创业教育是在1947年2月开始的，当时迈尔斯•麦斯在哈佛商学院首次开办了一个名为“创业管理”的创业项目。1952年，彼得·德鲁克又在纽约大学讲授了一门名为“创业与革新”的创业课程。在此时期，职业院校逐步开设了创业课，其最直接的动机是“二战”后退役士兵对创业的需要，其目标是对二次战争中退役士兵进行创业教育，以解决其就业问题。20世纪五六十年代，由于美国经济中的创业教育还很淡薄，中小型企业的数目并没有显著增长，而大型跨国企业却在不断壮大，因此，美国职业学校的创业教育总体上显得很迟钝。

20世纪60年代后期，人们对创业教育缺乏关注的情况发生了变化。在大型企业衰退，中小型企业崛起的背景下，人们对创业教育的要求日益提高。百森商学院于1968年在职业院校设立了“创业”专业，为学生的创业教育开拓了一条新的道路。20世纪70年代，苹果公司成立并成长起来，极大地促进了微机技术的革新，促进了微机的普及。20世纪80年代，随着微电脑的发明，商业运营费用的降低，创业的门槛也随之降低，这给低资本密度和高利润的软件业带来了机遇，比尔·盖茨等人发起了一场“创业革命”，从而促进了美国的创业教育。百森商学院于一九七九年设立了创业研究中心，主要负责对创业者和创业过程进行课程、项目、教学方式等方面的研究，主要工作是开展创业教育，组织开展创业相关的学术活动，同时也进行了对外的拓展活动。第一个企业家策划比赛于1984年由百森商业管理学院与奥斯汀德州大学联合主办。第一届全国企业家计划竞赛于1987年在圣地亚哥州立大学举行。与此同时，创业者的数量也在迅速增加。伴随着信息化与知识经济的兴起，美国企业所处的生存环境在1990年代出现了巨大的改变，全球化竞争加剧，产品寿命周期缩短，企业的经营风险进一步加大，创新与创业的规模也进一步扩大。创业教育对于提高大学生的技能水平，提高大学生的竞争能力，推动社会经济的发展都具有十分重要的意义。美国的各个层次的职业学校纷纷开设了创业教育课程，其课程体系逐渐健全，在培养对象、培养内容、培养方法等方面都有了新的突破，在培养目标、培养内容、培养方法等方面与传统的工商管理教育有着明显的不同，在培养学生的过程中，在培养学生的过程中表现出强烈的创造性和探索性。

美国职业学校的创业教育经历了六十多年的不懈探索，现已形成了独特的组织架构与制度：美国2662所两年制或四年制的非营利学院或大学中，有2136所（80%）大学提供至少一门创业课程；超过300所职业院校向学生提供创业教育；在847种工商管理硕士课程中，347种为创业者学习提供了指导；目前，已有30余个创业学科专业，且由于职业院校对创业教师的要求日益提高，已有18个创业系。同时职业院校的创业计划也成为了吸引社会资本投入的一种重要方式。商业学校是接受公司捐款最多的机构，其中有近半数的资金来自创业计划。与以往相比，在创业者群体中，人们得到了更高的地位，也得到了更多的资源。

（二）美国职业院校创业教育模式

在社会学看来，“模式”不仅是一种对自然界、社会现象进行分析的一种方法，而且是一种意识形态，是一种思维方法。在科学研究中，模式被认为是一种对一种过程或一种制度的一种简化与微观的表征，其目标是让人们可以直观地掌握一些很难被直接观察到或太过抽象和复杂的东西或对象。也就是说，人类用不同的方式去认识这个世界，并且对这个世界做出感觉和推理，将这个现象进行组织和条理化，从而更清楚地分析这个现象。

“创业教育模式”则是对人们对其认识与掌握的一种检验。我们可以拟借鉴美国亨利·埃茨科维兹博士的“三螺旋”理论，剖析并解释美国职业学校的“三螺旋”模式。亨利·埃茨科维兹博士提出了一种从社会角度对创造性行为进行组织实施的方法。在他看来，高校、企业和政府三方都是社会行为的参与者，他们既是创业的创新因素，又是创业的创新行为的主体。

在某些政府作用显著的国家和地区，其创新以政府为主，呈现出“国家干预型”，而在政府作用不显著的国家和地区，其创新以市场为主导，呈现出“自由放任型”。美国是一个以市场为导向的“自由放任”的典型国家，它的“以市场为导向”，“以学校为中心”的“自上而下”的改革，促进了学校创业教育的发展。

首先，美国作为全球顶尖高校数量最多的国家之一，其在知识革新上的领先地位比其他国家，国家更具竞争力，同时，新的知识也是新兴技术、新兴行业产生、发展的必要条件与依据。同时，职业院校学生具有较强的创业精神和较强的社会责任感。校园文化不仅表现为一种理念，而且还表现在学校的制度和物质环境中，对学生的创业素养的提高起到了整体引导、塑造和培养的作用，起到了耳濡目染、点滴渗透的作用。在职业院校提倡的创业教育的文化气氛中，这种气氛能够对学生的思想行为造成持续而深刻的影响，并能够有效地诱导出受教育者的某种创业意识和心理素质。

其次，创业文化在美国社会中根深蒂固。研究表明，不同的文化环境对创业具有不同的影响。因此，加强对职业学生的创新能力培养具有十分重要的意义。美国的传统是崇尚个性、崇尚自由、崇尚独立、崇尚自我努力、追求卓越；在美国，由于其强大的移民文化背景，将各种不同的文化汇集在一起，这种文化的影响，让美国人拥有了一种勇于挑战、勇于承担风险的创业精神，同时，在全社会中，人们崇尚创业、容忍失败，从这一点上来说，美国的确是一个以创业为本的国家。

在美国，半工半读已经是一种很常见的生活方式，美国大学学生在上学的时候，都会选择兼职来挣钱。在全美，大约 54.1% 的大学生都是勤工俭学者，虽然勤工俭学的时长各不相同，但是勤工俭学已经成了他们减轻家庭负担，逐步实现经济上的自立的一种主要方式。半工半读是一种良好的企业培训，能使学生们更好地认识到社会的人情世故，学会在社会中与人交往，并能锻炼他们的刻苦耐劳，勇于挑战的创业精神。由此可以看出，在美国的职业学生中，创业精神的培养已有相当长的历史。

再次，美国政府提供了政策上的支撑。近 50 年来，美国对高校的资助对高校的建设起到了巨大的推动作用，这使得职业院校在这一领域的科研成果持续“溢出”，对职校的自主创新起到了重要作用。为使小企业能够最大限度地挖掘自身的技术潜力，并为其技术创新的商业化提供一定的激励措施，美国国会于 1982 年 7 月批准了《小企业创新发展法案》，并在此基础上提出了“小企业创新研究项目”。通过多年的实践，一批小型高新技术企业快速成长起来，一批高新技术成果被研发出来并投入市场。1982 年，美国国会通过《小企业发展法》，明确规定，包括国防部、教育部和商务部在内的多个政府部门，每年要拿出 1.25% 的研发资金，资助小型高科技企业开展技术研发活动。在 1992 年，议会修订了该法，把比率增加到 2.5%。目前，可供使用的 SBIR 计划每年已达 12 亿美元。

美国对创业投资行业的发展起着举足轻重的作用，因此，对创业投资行业的发展，各州和联邦都采取了相应的税收优惠措施。1978 年，美国政府把资本收益税由原来的 49% 降低到了 28%，这一年，美国对初创企业的投资增加到了 5 亿 7 千万。在 1981 年，随着联邦政府把资本收益税削减到 20%，新创企业又迎来了一轮繁荣。《新市场税收抵免方案》（NMTC）于 2000 年开始实施，通过对“社会发展基金”的投资，可在其对低收入区域的支持下，享受所得税优惠。

最后，得到了社会企业和基金的资助。美国是风险资本的发祥地，美国的企业文化以“创新”“竞争”为主要特点，美国政府为推进创业教育事业，成立了“全国创业教育基金”。一般说来，美国职业院校的创业教育经费大部分是由个人或基金资助的。美国的创业者们通常把他们的成功归功于他们的职业学校，对于他们在创业中遇到的困难，他们相信，如果他们能在大学里接受一门关于创业的课程，并参加一些相关的活动，或许就能解决他们的问题。所以，美国的创业者非常热衷于在职业学院接受创业教育。

经国会授权，联邦小型企业机构与超过 7000 个商业银行一起为中小型企业提供担保。一般情况下，联邦小型企业机构对不到 15 万美金的贷款给予 85% 的保证；对为 15 万 ~200 万美元的贷款，给予 75% 的保证；此外，对出口产品的保修期也达到了 90%。这一举措为大学生自己创业提供了资金保证。

由于美国实行的是联邦制，因此，在高等教育领域，一般都是由地方政府来管理，而联邦政府对此并不加以干涉。但美国政府利用其成熟的市场机制以及高等教育的灵活性，采取了以市场为导向的战略，如建立创业投资基金、扶持中小企业等，使创业投资行业蓬勃发展，为创业教育提供了充足的实习资源和充足的资金支持，并以基金的形式推进了创业教育的发展。

（三）美国职业院校创业教育的组织模式

美国职业学院的创业教育是沿着两个发展轨道进行的。一是以构建创业学学科为核心的发展道路，以聚焦模式为主，以芝加哥大学、哈佛大学、宾夕法尼亚大学为代表；二是以提高学生的创业素养与能力为目标的培养途径，主要采用全校模式，即创业课程和活动面对全校学生开展，以百森商学院、康奈尔大学、麻省理工学院、斯坦福大学等为代表。全校模式可以划分为两类：磁石模式和辐射模式。根据管理机构与职能、资源、师资、学生等角度，可以对三种典型的创业教育模式进行划分，分别是聚焦模式、磁石模式和辐射模式。

结果显示，各种模式的创业教育均能发展为高质量的创业教育。美国职业学校的创业教育，就是靠着这种多元化的创业教育，才能使其在全国范围内得到广泛的发展，并能使其达到一个很高的水平。哈佛（聚焦模式）着重强调的是团队精神，以及一种让学生坚信自己可以成为企业家的过程；在创业教育案例中，将各种类型组合和年龄段的创业者引入到创业教育案例中，让学生在创业的过程中获得一种认同感，让学生相信创业管理不仅来自灵感，还包含了很多艰辛，学生必须时刻具备风险意识和警觉性。百森商业学院（磁石模式）针对大学生，设计了一条“起步 - 提升 - 量身定做”、逐步推进的创业计划；把创业研究放在世界范围内，时刻敏感地把握世界范围内的创业环境，以优秀的创业研究保证在世界范围内的创业教育；开展多种类型的外延式拓展活动，例如：“创业英才”（搭建学生和创业者交流的平台）、“普瑞斯 - 百森合作计划”（培育世界范围内的创业教育家）、“创业计划大赛”（鼓励学生把自己的想法付诸实践）、“孵化器”（对学生的想法进行孵化）、“智库”（对学生进行创业辅导）等。康奈尔（辐射模式）相信每个具有创业精神的学生都有能力在工作中发挥重要作用；所以，康奈尔大学致力于在全校范围内开展一项创业计划，在每一所学校、每一领域和每一届，为每一位康奈尔学生提供创业的机会；9 个学院院长成立了“创业与个体创业计划”（EPE）理事会，对学校的创业教育工作进行了统筹与指导；9 个参与院校的教师都针对自己的专业特点开设了相应的创业课，这使得创业教育更符合学生的需要。

（四）美国职业院校创业教育的师资建设

美国作为创业教育最早的国家，它的成功离不开优秀的教师。美国的创业教育有一支强大的师资队伍，呈现出师资队伍多元化的特点。

1. 美国注重创业教育师资的“专兼”结合

美国学校的创业教育教师最显著的特征是“专兼”相结合，即既包括大学中的职业教师，也包括在大学中有过创业经历并在大学中有所建树的人。这种方式不仅可以避免纯理论上的培训，而且可以引起学生的兴趣，使他们能够更好的将理论和实践结合起来。比如，百森商业学校就聘请了 35 位全职老师，专门从事创业教学与研究；伯克利大学目前有 20 位教授创业教育的老师，另外还聘请了一些企业家，创业公司的首席执行官，大公司的高管等担任他们的兼职老师。一些学者在调查中发现，在美国，拥有创业管理经验的老师已经占据了很大一部分，特别是在创业实践方面，他们的比例已经达到了 98%，而在创业理论课上，大部分老师都是专职的。在学校中，具有创业经历的兼职教师所占比重的增加，能够强化学生的创业实习环节。

2. 美国注重创业教育师资的实践经历

美国的职业教育非常重视对老师的创业实践活动培养，比如斯坦福的校长约翰·汉纳森，就是在毕业后开始自己创业的，所以学校给他留了一个教职。美国的创业教育师资队伍正在逐步壮大，一些有实际工作经历的老师或已经开始自己创业的老师已成了其重要的师资来源。同时，美国学校学生创业活动管理上的规律性障碍很少，创业活动一般都是“简单”“不费时”“不昂贵”的创业拓展政策，为职业学生活动的支持和帮助提供了新的途径。

3. 美国注重创业教育师资的培训与发展

创业教育的质量和教师的专业水平密切相关，所以美国的职业院校建立一个专门的师资培训机构，对教师进行专业化的培训。以 1984 年创建的普莱斯 - 百森计划为例，到目前为止，已有来自 52 个国家、495 个科研机构、政府机构、基金的 1690 位学者为全球创业教育的教师提供了新鲜血液。同时，美国的一些职业学校也会举办一些关于创业教育的讲座和论坛，为创业教育的老师们提供一个交流和交流的平台，让他们可以互相学习、彼此借鉴。

4. 美国注重创业教育大师的精神引领

在美国的创业教育体系中，出现了许多杰出的创业教育人才，像波士顿大学蒂蒙斯教授、卡耐基大学鲍曼教授、密歇根大学教授布罗菲教授等等，这些人都是杰出的人才，他们影响着一代又一代的人，不断地开拓着新的行业，不断地启发着人们的新思维，这也是美国创业教育发展到现在这个地步的重要原因之一。

（五）美国职业院校创业教育课程体系与教学模式

美国职业院校的创业教育对于培养大学生的创业意识与创新能力，培育企业文化，促进经济快速发展具有十分积极的意义，而美国职业院校的创业教育的成功，与其健全的课程与教学方式是分不开的。美国职业学校的创业教育，其课程与教学方式具有鲜明的特色。

1. 创业课程开设早，开设职业院校众多

据所罗门等人对美国职业院校大学阶段的创业教育课程设置进行调查，发现在1979年就已经有127所职业院校在大学阶段设置了创业教育课程，1982年增至315所，1986年增至590所，1999年增至1060所，到2005年初，已有1600多所高职院校设置了超过2200个创业教育课程。现在，美国约有1800所职校提供有关创业方面的课程，超过100个创业中心。

2. 创业课程包括大通识课程、学科课程和活动课程

创业教育已成为职校大通识课程中较为理想的教学内容之一。“创业基础”是一门针对全体学生而开设的课程，它可以探究和说明文化价值观是怎样在一系列人的行为（例如经济、法律、政策、文化、宗教）中体现出来的，以及它们是怎样共同努力，才能在美国社会中形成一种常态的行为。美国大学是以专业为基础的大学，各专业之间相互渗透，形成了各自不同的“创业者”内涵，把创业与不同学科融合在一起，有着广阔的发展空间。比如，历史学能够解释创业者在历史上所扮演的角色，文学能够为学生们提供关于创业精神的生动体验，而政治科学则能够将政策对于创业精神的影响纳入其中。创业的实践性质决定了创业教育无法仅限于师资力量的培养。美国职业学院以各种形式开设活动课，为学生创造了一个很好的学习环境。有些学校还设立了特别的办公地点，让学生自己去寻找信息、财务、人力等等。

3. 美国职业院校创业教育课程主题多样

创业教育课程以创业意识类、创业知识类、创业能力素质类、创业实践操作类为主，包括对商机的判断、知识产权、合同与交易、产品开发、市场营销、创业经验的积累、危机管理等。

4. 各大学的创业课程各有侧重，自成体系

其具体表现为：哈佛商大学、百森商学院、哥伦比亚大学和斯坦福大学，都是具有较强的综合型创业教育院校；诸如麻省理工大、仁斯里理工大学、伯克利加利福尼亚大学，这些职业学校的创业教学重点是高科技的创业；伯明顿的印第安纳大学、波尔德分校的科罗拉多大学的重点是创业和革新的新领域；圣路易斯华盛顿大学的创业课程为：创业与创新在大企业中的应用；路易斯安纳州的企业管理专业是针对连锁经营、家族企业和妇女创业。

5. 大多数大学将创业作为一个专业领域或研究方向，有健全的课程体系

例如，百森商学院提供了一门关于创业的课程，以及关于创业外延扩展，其中包括了一门公共选修课和一门专业核心课。对全体同学开放的公开选修课，涵盖六个方面：文学艺术、外国文化、自然科学、历史、社会分析以及伦理学。专业核心课都是科学和人文主义的完美融合。主要内容有：企业的战略与机遇、企业的融资与快速成长、企业的创业四大板块。该课程采用了模块化的架构，由基础理论、案例分析和仿真实验组成。

6. 教学模式注重理论与实践相结合，突出学生实践能力培养

美国高校的创业教育模式强调理论联系实际，并聘请具有较高学历、具有一定创业经历的社会名流作为兼职老师。比如斯坦福大学的“创业管理”，是由两名专职教授与两名兼职老师组成的，而“技术创业”与“创业机遇发现”，是由三名具有多年创业与经营管理经验的客座教授组成的。其中，“创业机遇辨识”课程的导师，将会带领学员组建一支“创业规划小组”，并协助学员聘请具有创业投资及创业经历的业内前辈为其顾问。在课程中，老师会引导同学们确定店铺的位置、设计店铺、命名、制定预算、制定销售目标、进行广告宣传，使同学们能更好的感受到创业的过程。

7. 教学方法多种多样

主要的教学方式有论证、商业计划、案例分析、研究计划、实践、计算机仿真等。比如，美国加利福尼亚大学洛杉矶校区将数十名成功的企业家和一群上过创业课的同学结成“互助”，共同指导他们的团队创业项目；百森商学院举办了“创业者节”，并在这一天，邀请了一些有影响的企业家来学校与同学们进行交流，并且建立了优秀创业者联盟。英特尔公司前 CEO 格罗夫曾被聘请为斯坦福（Stanford University）商学院的兼职讲师，每年教授一两个科目。聘请资深兼职老师加入，给高校的创业教育注入了新的活力，大大提高了美国职业院校创业教育的实效。

创业教育是一种理想的通识教育，它能被运用到很多学科中，让学生学习社会组织、文化价值、经济政策、法律实践等对人类行为方式产生影响的知识。创业教育能够自然地把不相关的课程整合起来。美国大学是以专业为中心的大学，专业知识在大学中的地位与普通大学相当，甚至更高。专业课是对学生进行知识、技能传授的最好方式，专业课对学生的分析、解决问题能力有很大的促进作用。如果说创业教育可以形成职业教育，那它对大学教育的冲击就会更大。学生可以去探索和体验“由理解到创新”的创业精神，利用所学到的专业知识展开创业活动，加深对专业中新的理念的理解。但是，目前我国高校开展创业和职业培训的难度较大。要使该学科更具创业特色，需要得到学术导师和学分主管机关的认可，并对该学科的学习成效进行再考察，确定新的教育目的和发展方向。

在职业院校中开展创业教育，不仅要重视课堂教学，更要重视校外的创业教育。如果校园气氛认真，鼓励创业，那么对于想要创业的同学来说，这将会是一个很好的机会。有些高校成立了特别的办事处或工作室，为大学生创业者提供了获取创业资讯、寻找创业合伙人的机会。同时，大学生创业活动也给校园注入了一股别样的生机，给校园注入了一股生机勃勃的气息，给校园文化注入了一股新的内涵。

二、法国职业院校的创业教育

法国有超过 400 所高校，超过 100 万的在校生。高校为学生开设了各种形式、种类繁多的学习课程，有短期学习课程、长期学习课程、职业技术课程等。高校按其培养目标、招生制度、教学安排及行政管理等特征，可将其划分为三种类型：一种是综合大学。大学实行政府经营，有严格的制度、统一的资金分配、终身聘用等特点。由于一般中学毕业后，只要是拿到本科学历的，都可以接受，因此，这些大学又被称作“开放式”学校。第二种是高等专业院校（大大学 Grande cole）。大大学一般都是小型的、相对灵活的、资金来源广泛的、纵向的、定期的聘用老师的。由于入学测试的严苛，这种大学被称作“封闭”，就像法国的中学毕业生一样，要先上两年的预备课程，然后再通过筛选测试，然后再上大大学。第三类第三类是普通私立学校和各种职业培训学校，它们与人才市场联系密切，毕业生就业率较高。

法国职业院校除了关注职业教育和就业指导外，还十分创业的培训和推广，这对增强法国的竞争力，尤其是推动法国的经济发展具有十分重要的意义。高等教育和研究部门始终保持着推动大学创业指导和创业教育的工作主线。2001 年，科研、教育、工业等部门与创业事务局、创业科学院共同设立了创业教育与实习观察中心。创业教育实习观察室，通过对创业教育实习活动、创业教育实习活动的效果、尤其是在教育方式上的效果进行评价，为老师和学校提供指导；为广大教师提供了资料库，并提供了 30 余种教具，大多数是为高校学生设计的。

另外，高校之间的创业联盟（也被称为“创业之家”）也是创业精神传播的重要渠道。各校际创业联盟均设于同一所高校，其宗旨为推动校际联合项目，推广创业精神。这些联盟所采取的主要措施是对学生进行教育，并对教师进行训练。通过讲座、专题研讨等方式对大学生进行创业教育，并开设创业选修课，使之与高校的课程相结合。

（一）法国职业院校创业教育的发展历程

法国的创业教育发展相对滞后，从 1976 年巴黎高级商业学校开始，到 20 世纪 90 年代，法国只有少数几个高校在研究生阶段开设了创业教育，并于 1997 年成立了法国全国工商管理教育基金会（FNEGE）下属的“创业教育”学院，提出了五项主要工作方针：一、鼓励学生在不同程度上开展创业教育，培养学生的创业精神；二是发展和普及创业教育的教学方法；三是推动科学技术的开发和技术的转化；四是推动国际创业院校间的合作与发展；五是推动各种院校开办创业班，并促使国家制定相应的公共政策。法国政府于 1999 年发布《创新与科技法》，以鼓励大学教授、研究员、博士和技术工作者，积极投身于科学创造，实现科学成果的转换。在同一年，法国政府举办了一场全国性的、具有创意的、以技术为基础的、以创意为目的的、以科技为基础的全国性竞赛。参加者须向评审委员会陈述他们的计划，可行性及市场前景。2000 年，由高校和企业共同创办的孵化中心也有 1000 多家，共有 800 多家企业参加。2001 年，法国科技和产业部设立了创业教育实践观察站（OPPE），以持续推动企业的发展。现在，OPPE 已经成为一个重要的组织，为大学老师和同学提供创业服务和资源，并且已经在比利时和加拿大，以及其他说法语的国家都有分部。

2002 年，罗纳—阿尔卑斯行政大区的大学合作创办了“创业之家”，目的是为当地的大学建立联系，为学生提供创业的机会，让大学的老师和学生能够通过“创业之家”学习到各种关于如何开办公司、如何运营项目等方面的知识，并与商界的人进行交流，从中得到一些关于创业方面的意见。紧接着，“创业之家”也在法国的利穆赞、加莱海峡、卢瓦尔河地区、普瓦图 - 夏朗德、普罗旺斯、阿尔卑斯 - 蓝海岸地区等地区陆续成立，并获得了政府每年一万五千至两万欧元的资金支持，与之合作的公司还能得到政府的优惠政策。

2008 年 8 月 4 日法国公布了新的《经济现代法》，以刺激就业、激励民众提高个人收入。该法规定，从 2009 年 1 月 1 日起，国家准许个人，包括工薪阶层、下岗退休人员和在校大学生等，自行创业，以个体户的身份，其申请程序简单，并能享受到国家的相关税费优惠。法国国会于 2008 年 8 月通过《大学自治与责任法》，其中明确提出，要加强大学生的就业指导，大力发展创新型教育，推动科学研究成果向社会经济发展。据统计，在 2009 年登记的个体户有 320000 人。

法国高等教育和研究部在 2009 年 11 月通过电话问卷调查发现，55% 的学生同意自主创业，81% 的学生表示该政策对他们的创业有帮助。同样在十一月，欧洲商学院举办了法国首次“创业日”活动，法国高等教育和研究部部长贝克莱斯和埃尔维·诺维里（Erving Norvery）都参加了活动。他们认为，法国的发展要求有能力的高学历的人，无论他们是自雇的，还是为已有的中小型企业服务，他们都能为企业带来创新，并以此来改变整体经济格局。

为使各高校将创业精神、创业课程及创业服务纳入其日常教学活动，法国政府建议采取以下五项行动：①法国高等教育与研究部和经济、工业及就业部门合作出资 20 万欧元，资助大学生创业活动，尤其是在高校科研院成立创业活动中心。这个中心应当是高校（大学或“大学校”）和当地企业（企业网络、公共或私人的孵化器、咨询公司、金融公司等）联合建立的，通过组织创业活动，开设创业课程，提供创业咨询等方式来指导大学生创业。②各职业院校开设《创业参考》杂志，以指导大学生的创业计划。③举办“共同创业”的全国大学生创业大赛！这是一个长期的举措，在 2010 年，在法国孵化网、法国大学校长理事会和法国大学校长理事会的指导下，有 1000 位大学毕业生参加了这场比赛。④在全国青年企业联合会（CNJE）的资助下，在各高校设立一个“青年公司”，并将其与在校大学生、毕业生进行合作。⑤政府将派出全职工作，并与法国大学校长委员会，法国大学校长委员会，工程师教育委员会等机构合作，推动企业的发展。此外，教育部还建立了一个面向大学生的专题网页（www.apce.com）。

（二）法国职业院校的创业教育模式——以巴黎中央理工大学为例

巴黎中央理工大学不仅在课堂上把创业教育融合到一起，而且还在学校里设置了一些特殊的创业项目，例如，他们会在学校里设置一些“主题”项目，并且会在学校里设置一些特殊的项目，让同学们去做一些有意义的项目。巴黎中央理工大学开设了一门专门为有志于从事商业活动的大学生开设的“创业班”，该班将于四月至九月开设，每次持续两个星期。课程的主要内容是：从创建公司和企业经营的视角，对战略决策、市场财务等方面进行全面的阐述，并对学生的创业精神和能力进行培养。比如，要对问题进行全面的思考，要对所收到的信息提出疑问，要学习创造性思维，要建立起自己的信心，要学习怎样去说服他人，要学习进行团队管理，要进行挫折教育等。

创业课会特别聘请一些企业总裁，尤其是公司的创立者，为大家讲授创业心得。在这个项目的最后，学生必须在专家评审委员会面前展示他们的创业计划，并且在接下来的一年中，每一个项目都将得到一位专家的跟进。参加这个项目的同学，他们的就业方向有三种：自己创业、在创业型企业工作或者在传统企业的研发部门工作。

2001 年，巴黎中央理工大学成立了自己的孵化器，以支援本校师生、研究人员、同学和校友的创业活动。孵化中心的公司亦与本校的创业教育相配合，协助学生开展创业活动。2007 年，巴黎中央理工大学重新修订了培养目标，将课程的培养目标定为：使学生能面对新的挑战，有可持续发展的理念及对社会的责任意识，并能与不同国家的不同文化相融合；为将来从事行业打下良好的基础，并在学习过程中主动参加各种工程，提高了解决实际问题的能力，使自己能迅速适应工作岗位。学院十分注重学生的创业、创新和实践能力的培养，并进行了一系列的教学改革。比如，刚进学校的学生，并没有立刻开始他们的课程，他们需要先去听两周的讲座，让他们对当前社会中的某些“挑战”有一个全面的认识，并且对自己感兴趣的领域有一个清晰的认识。2007 年的“挑战”课程包括七个专题，分别为：能源、环境、资讯和知识、卫生和生物科技、城市化、交通和流通，以及经济变化。根据通用工程师的教育思想，学生们在第一学年只修通识课程，到了第二学年，他们才会进行个体化的学习。但是，即使这样，为了培养团队合作精神，他们还是会在第一学年里被随机分配到实验室或者公司里。同时，在毕业之前，每个同学都要参与企业的实践活动。

欧洲委员会认为，虽然只有很少一部分人天生是创业家，但创业教育能够激励青年建立创业精神。为了达到这个目的，学校应当培养有志于自主创业的青年学生，使其具备一定的技术基础和营销技能。创业不仅仅是开公司，更是每一个公民为了在日常生活中、事业中获得成功而必须具备的基本品质。法国高等教育和研究部部长贝克莱斯认为，“创业教育”不应该局限于某一所大学，某一专业类别，而是应该纳入高等教育体系。人文科学、社会科学、技术科学等学科的交叉融合，也能产生价值创造。在博士生培养过程中，选择题目、提出问题、发现问题、深入思考、做出困难的决策，这也是创业精神的具体表现。

（三）大学间创业联合会——以格勒诺布尔大学为例

格勒诺布尔大学创业联盟的工作内容主要有三个方面：①促进校际创业，提高校对商界的开放度，创建一个好的创业榜样，加强对企业的文化冲突，促进创新，鼓励有创意的创业想法；②就教育而言，提高学生领导项目、创业的专业技能，指导学生制定创业规划，向学生介绍各类援助、扶持机构和资助机构的情况；③在促进大学生创业规划上，追踪大学生创业规划和二次创业规划，指导大学生创业规划和再创业规划，吸收大学生参与高校价值投资机构、创业规划和投资机构等组成的网络，追踪大学生创业规划和再创业规划。

校际创业联盟的目的是为了推动格勒诺布尔的高校间的相互交流，例如课程设置、个案分析、游戏、教学材料、创业案例数据库等等。从 2002 年起，格勒诺布尔大学企业联盟接受了高等教育和研究部的委托，其任务是对已有高校企业联盟在全国各地进行的各项活动进行协调。跨校际创业委员会已与训练中心以及大学科学系、工学院的教育传媒签订了一项合作协定，目的是为企业家教练提供一整套的企业家训练资料。格勒诺布尔大学跨校际企业管理委员会编写了企业管理培训资料包，该培训资料包含一份文件夹、一张光盘、一份企业管理计划、一份培训支持材料、一本组织者手册，以及一份商业计划范本。

从 2004 年起，各院校已在大多数课程（18-60 小时课程）中开展了创业教育。很多学校在本科或研究生的基础上开设了创业类的课程，其中包括：创业入门（创业的基础知识）、探索创业（企业的组织结构与经济问题）、项目搭建与实践性创业（从实践性的角度出发，从创业的角度出发）、创业创新（可以通过创业的模式来进行创业、创业创新与创意（创新与创意是创业的一种资源）、创业谈判（怎样做一个好的中间商）、商务英语与创业（怎样把自己的经营领域扩展到世界各地）。本项目包括 24 个小时的教室授课，以及 36 个小时的个人实习。格勒诺布尔大学之间的创业联盟，通过最好的想法挑战比赛、创业杯比赛、大学生青年创业比赛等等来鼓励创新和创业。于 2009 年 9 月举行第一次“最佳电子挑战比赛”。同学们通过填写调查问卷的方式来参与比赛，介绍创业想法、来源和动机、实用性、满足的需求、闪光点、产品或服务、目标、相关内容等。论文的评价依据是论文的原创性、创新性、真实性与可行性、论证的相关性、论证的质量以及与课题的整体协调程度。得奖点子“超市”：针对客户的营养问题（如糖尿病、肥胖、过敏等），为其提供相应的产品、建议以及相应的膳食。

2009 年第七届创业杯竞赛中，最具创意的方案是在“互信（OUT RUsr）”网站上宣传个人间的季节性租房；最切合实际的计划是提供家庭茶室巴达茶，并为儿童提供一个可供他们享用的区域；最好的小组方案是“天然蒙古包”方案，即在韦科斯区域天然公园内建造一座以“天然蒙古包旅馆”为特点的村庄；在听众中，最受欢迎的方案是出行休假方案和电动汽车出租方案。本次比赛的优胜者将被授予“创业大奖”和 300 欧元奖金。

在法国第一次举办的“青年大学生创业大赛”上，“青年大学生创业奖”（奖金 3000 欧元）由 Faery& Fiend 公司开发的一款产品荣获。这款产品可以让吉他演奏家们在他们的触摸屏上画出他们想要的曲调。Viherio 热学研究所获最佳资金匹配特别奖（1500 欧元），该研究所致力于在建筑物中优化使用能量；社会经济与和谐经济特别奖（奖金 1500 欧元）是由 Esca 展览服务与承包协会获得，所营造的生活空间允许尽可能多的公众参与；可持续发展特别奖（奖金 1500 欧元）由 LLK 运动集团获得，该集团以最大限度减少运动活动对环境的影响为经营宗旨。获奖的参赛者只要真正进行创业，都会得到一笔不菲的奖金。创业精神、自主精神和创新精神是每一位大学生必须具备的素质。联合会鼓励同学们从自己的创业生涯中开启自己的专业生活，并致力于激发同学们的专业生活。对那些有创业想法或实际创业计划的同学，联盟采用了一个跟踪支持的机制，为同学们安排了一位顾问，从他们的想法、做项目到实际创业的整个过程中，为他们提供建议和帮助。

在今后的发展过程中，格勒诺布尔大学创业联盟将使师生对联盟的工作有更深的了解，在各个机构和劳动力市场上更多地强调企业的经营能力，并采取更多方式为企业提供服务，并持续扩展其工作领域。

（四）实践教育的典范——以高等专业学院为例

英国《金融时报》日前公布了一份 2006 年度欧洲 25 所可授予管理学硕士学位的商学院排行榜，其中五所来自法国的商学院，不仅上榜，还名列前 10。英国《金融时报》的这份榜单，一方面肯定了法国高等教育的优秀品质，另一方面也肯定了法国独特的高等专业学校——一种精英化的制度，表明法国的高等专业学院的教学方案，不但可以在 LMD 欧洲一体化教育体系中占有一席之地，并且还拥有巨大的竞争力，从一定意义上讲，这些学校已经成为欧洲的标准，成为世界上最优秀的大学的代表。

高等专业学院在教学具有高度的专业性，注重将理论与实际相结合，以培养各种应用型的高级技术、管理人才和社会精英而著称。高等职业院校坚持与企业、社会的密切联系，在课程设置、教学方法、实践操作等方面，突出了自身的特点。

（1）教学方案强调了应用性，实行了开放性的教育，它不会规定任何的教科书和课本，而这些课程的具体内容都是由任课教师来制定的，在授课过程中，教师会把自己所掌握的学科中所获得的最新发展，并将其与公司的实际状况相联系，从而让同学们能够更快地了解到公司的发展趋势。在不使用教科书的条件下，学生要仔细地听教师的讲解，在记好课堂笔记的时候还要参考相关的文献，所以，学生要具备很好的记笔记的能力，从而也就形成了他们的独立学习能力。

（2）注重培养学生的创新思维，具有良好的课堂氛围，灵活的教学方式，高度的参与性等特点。每个班级 20 人左右，为师生及同学间的互动提供了方便。在本课程中，每一位同学都能和老师进行多次交流，并能在任何时候向老师提问，使本课程充满了活力和乐趣。研究结果表明，课堂教学是贯穿于课堂教学全过程的。“发现教学”是一种让学生在老师的启发和引导下，自己去研究、去思考、去发现、去理解、去掌握有关的规律和结果的一种教育方式。在不同的商业学校和工程学校中，我们找到了最常见的、特殊的教学方式，那就是各种各样的研究组。学员们通常以 4-5 人为一组，进行不间断的模拟、演讲、辩论。在每个班级，都有一个小组，每个人都有自己的职责，也有自己的团队协作。

（3）在教学中，注重把企业实践融入到学校的课程体系中，加强实验与实践的结合，并把职业教育贯穿到整个教育过程。实践是法国教育的一大特色，在实践中，学生与专业领域的融合程度和对公司环境的适应程度都比其他国家高得多。在法国，不管是在高等院校还是在其他部门，学生都要去企业实习，学校设立了一个企业联络处，专门给他们提供实习的机会，并协助他们把课上学到的东西付诸实践。大部分院校都有规定，要求学生到公司实习一个假期或一年，也就是所谓的“工作年”。实习结束后，大学生必须撰写一份实习报告。对实习报告的要求很高，比如至少要有页纸的限制，摘录的内容要有多长，图片要有多长，还要有多长时间的论文答辩，答辩一般都是学校的一名任课主任，一名专业老师，以及一名来自企业的带教老师共同参与。

（4）师资力量雄厚，具有丰富的教学和实习经验，具有很高的流动性。高等专业学校因其多数专业学校或为商业机构，或为私立机构，可给予学校较大的自主权，并可获得可雇用教师的自由经费。这一类型的学校的老师将近 70% 都是由外部聘的具有丰富经验的企业高层管理人员、高级工程师、企业家或职业经理人组成，他们也是各自行业的专家，具有明确而又实用的教学目标，可以很好地解决学校中普遍存在的理论和实践脱轨问题。

三、英国职业院校的创业教育

为了使经济体变得更有竞争力，英国政府一直致力于提高创新和创业精神。认识到开发创业潜力的重要性的高校已经开始注重培养学生的相关能力和知识，让他们可以通过向他们所在的团队提供可转让的技能来实现创业的创新和创造。创业教育的功能是激发创业热情，提供信息，协助创业。一个人有没有自信是决定他是否踏上企业家之路的关键因素。因此，要想提升大学生的创业能力，提升其对成功的动力知觉，就需要通过开设相关的培训课程，对其进行培训。在创业教育中，教师的培训方式与培训课程对于提升大学生的自我效能感同样具有重要意义。在课堂教学中，教师应注重以简洁的案例为基础的整合学习，以书面的案例学习，与创业者的积极互动，以及以行为学习为基础的小组活动。

（一）英国职业院校创业教育的发展历程

自20世纪80年代开始，英国职业教育的发展引起了世界的关注，英国职业教育的管理模式、经济因素、大学组织结构的变化以及欧洲联盟的地区背景，都推动着职业教育突破传统，实现了转型。

年轻人的就业问题无论在英国保守党和工党政府，都是一个非常重要的经济与政治议题。1983年2月，英国有百分之十三点五的就业人口，其中百分之四十五至六十五是失业者。1981年启动的“青年训练计划”收效甚微，毕业生的再就业率很低，但到了1992年，失业率还在10%左右。在就业培训中，政府对自我雇佣（self-employment）的创业培训进行了更多的重视，对创业意识进行了培养，对创业知识进行了传授，对创业能力进行了开发，并配合了相应的优惠政策，以鼓励创业。

在过去的20多年里，英国职业教育所处的环境已有了很大的变化，尤其是经济不景气、高失业率和大学学费上涨给职业教育带来了很大的压力。在2000-2005年期间，在校大学生的数量以35%的速度增长，超过了50万人，这让已经趋于饱和的就业机会的竞争变得更加激烈。调查显示，在2009年，英国大学生中，有10%的人没有找到工作，比2008年的8%上升了两个百分点。45%的人说，他们的工作“前景不妙”。在这些问题面前，新工党政府将重点放在了防止失业上，给求职者以帮助而非施舍的方式，并对其进行了鼓励，并提出了“教育，教育，再教育”的口号，将教育放在了尤为重要的位置，在整个社会中大力提倡创业精神和创业文化，这些都为有效地进行创业教育奠定了坚实的政策基础。新工党政府根据实际情况，主张要发展经济，不但要改变以往的放任主义，还要通过建立在产业界，雇主与雇员，公共与私人部门合作的市场经济。在布莱尔的领导下，通过与企业界的合作，形成了一种良性的互动机制，促进了工商业的参与，并对职业院校的创业教育给予了一定的支持。

1998年，英国贸工部（Department of Trade and Industry）建立了英国企业孵化中心（The United Kingdom Business Incubation，UKBI），以推动高校科技成果转化，加快企业孵化进程，协助企业规避风险为目标。现在，牛津和剑桥都在大力发展大学科技园，沃里克大学也在大力发展大学科技园，圣约翰创新中心、伯明翰科技园、曼彻斯特的中英科技园、萨雷科技园、赫尔科技园、利兹科技园、苏萨克斯学院都在推动大学科技成果转化和校企合作上起到了很好的效果，在英国也有很大的影响力。

当前，全社会对创业创新的高度重视并非是一股热潮，而是产业界、新技术、国际市场等因素共同作用下，创业所面临的新的挑战与挑战所带来的新的机遇。在全球化的环境中，个体必须具有独立、创新、合作、责任感，以及能够使自己的技术永续，并具有正面的心态来面对改变。在我国，既要实行强制教育，又要通过大学教育、终生教育等方式，使劳动者的技术素质得到全面提升。

英国于2008年发布的《创新国家》战略白皮书中，将“扶持企业创新”“夯实创新基础”“公共服务创新”等十个方面列为全国创新制度的重点，并突出了高校在创新中的地位。英国创新大学与技术部门联合英国工商企业与管理改革局以及国家创业教育理事会共同组建了一个地区的大学创业网。从这一角度看，英国职业学院的创业教育已被直接列入到了国家的创新战略中，并呈现出两个发展趋向：创新是创业的起点与动力，是布莱尔政府的重要治理原则；创业教育丰富了创新的内涵，是推进创业行动的重要路径。

（二）英国创业型大学组织模式

在创业型大学里，通常会设立诸如创业中心之类的创业教育专业组织，进行创业的教学与科研工作，并协助创业。该中心透过开设适合不同专业的学生和老师的创业教育课程，以及在校园及校园以外推行不同类型的创业计划，协助他们更好地认识创业精神。学校的孵化器、科学园或科研园与创业基地紧密联系，为大学生的创业基地、技术支持、财务资助和咨询服务等方面的帮助。剑桥创业研究中心以“创业为本”为目标，致力于为科技、工程和科技专业的毕业生开展创业的实用培训，并拓展课程的内容；为学生们提供最佳的创业人才，让他们能在本课程中得到全面的体现；为创业培训和培训开设合适和有关的课程；透过谨慎的投资，建立一个长远的、可持续的、有启发性的研究氛围。

创业的成功，除了需要工程科学的知识外，还需要心理学、经济学和社会学等多个学科的理解和支撑，因此，在创业大学中设立交叉学科的研究中心。高校的高层领导对创业教育给予了充分的支持，制订了学校的创业教育政策，建立了创业奖励制度，鼓励了跨学科的教学和科研，并鼓励了与知识的生产和应用有关的工程导向活动。以创业为导向的大学，为师生们提供了最大限度的机会，鼓励他们去创业，并为建立创业团队提供便利。大学致力于将创业转变为社会，并加强与各部门的协作，使企业、产业、金融机构、国家及区域经济发展委员会等都能为创业的发展带来更多的机遇，从而提升创业的成功率。

创业型大学通过对大学生创业行为、创业技能、创业心态等方面的培养，重视对大学生情绪智能的培养。在此基础上，研究提出了一种新的研究方法，旨在为学生提供一种新的研究方法。恰当的创业技巧与知识只能靠自己去学，并非靠老师传授。创业能力的获取和练习，关键在于学生个体。在教学中，教师应突破传统的职能模型，以组织的发展为中心进行知识的组织。老师也要让学生学会从与利益相关者的关系中学习，要学生确定在组织发展的每一个阶段，创业者需要从每一个利益相关者那里了解什么。透过“创业学习中心”之教学方式，让学员掌握创业技巧与知识，提高其自信心与效能。

创业教育要求学生能够根据不同的情况与需求，设计出符合企业发展需求的企业组织。建立并强化产权意识，增强自由和独立感，能忍受模糊并能用直觉判断，鼓励建立利益相关者的关系网络，允许从错误中学习，避免严格划分等级的控制系统，鼓励战略性思考，作为建立信任的基础，鼓励是与人交往等。

（三）英国职业院校创业教育的课程和活动

1. 创业课程

英国高校的创业教育专业课程在逐年增多，但每个学校都有自己的特色，针对特定的学生群体，开设了不同的创业教育专业。诺丁汉大学的创业课程，其基本思想是在“企业与创新”研究中心的支持下，在经济学基础课上引进了创业教育，课程内容以经管类大学生为对象。该校要求大学一年级经管系的学生一定要修“创业与商业”这门课。在 2007 年，600 名诺丁汉大学的大一新生参加了一个为期一年的创业项目。

自从剑桥大学的“创业中心”建立后，开设了更多的“创业项目”。曾开设过“硕士创业讲座”系列（MELS）、“虚拟学习网络”“新生训练营”和“培养创业能力”的课程。但是，由于在设计、市场以及学生管理等方面花费了太多的精力和人力物力，该项目已被叫停。因此，剑桥的“创业中心”把重点放在了诸如“企业星期二”“企业家”“夏令营”这样的项目和活动上。

伦敦城市大学卡斯商学院（City University Business School，CUBS）则主要是以网上模式来开展创业教育。学校为商科大二的同学举办了一次创业讲习班。它的创业项目不但为本校的学生开设，也为外校的学生提供了机会。但是，学校的选修课人数很多，但教师人数却很少。为此，卡斯商学院提出了一种“面谈 - 网上学习 - 利用网上时间（提供咨询和回答问题）- 鼓励有志青年参加创业活动”的新模式。在英国职业学院中，普遍开设了一门关于创业的课程，这一课程在高等职业学院中被认为是一种很好的实践。斯特莱斯克雷德大学在其搜寻者中心（Hunter Centre）为所有学生提供了一门可供选择的创业课程，同时还把哲理融入到了创业教育课程中，从而提高了该课程的普遍性。诺丁汉大学、桑德兰大学、谢菲尔德大学、伦敦商学院，都在 MBA 课程中开设了可供选择的创业课程，以扩大对创业教育的普及。其中，2007 年伦敦商学院 MBA 课程中，50% 的学生都是从伦敦美术学院（UAL）毕业的，这进一步拓展了非商业院校的创业教育范围。

2. 创业活动

“创业活动”具有较强的灵活性，较广的吸纳对象，较少的专业限制，它的主要功能是增强学生的创业意识，激发学生的兴趣，培养学生的能力。

在英国，创业活动是指在校外开展的活动。英国大学生参加课外创业活动的比例在 2007 年达到了 64%，课外创业是大学生创业实习的一种主要方式。

多个学校共同参与的创业活动，其内容广泛且具有普遍性。商务方案比赛是在邓迪大学、布里斯托大学、伦敦城市大学、普兹茅斯大学的支持下进行的，并将分阶段对所有合作院校的学生开放。透过商业理念训练，研讨会及研讨会等方式，发展商业计划，并透过奖励来激励表现优异的学员。

以单个高校为主体的创业活动，更多关注于个体创业能力的培育，以夏令营为主。比如，在伦敦城市大学举办的“创业夏令营”就是一个很好的例子。2005 年，SPARK 有 50 位学员加入，用一个星期的时间来训练学员的创业技巧，包括确立企业概念，建立合作团队，开始运作。

大学生参与的创业活动（Student-Led Activity）在总体上比较小，而且在内容上具有很大的多样性。斯特拉斯克莱德大学以学生自己创办的“国际大学生创业联合会”为平台，以“口才研讨会”“商务竞赛”等形式，为学生提供了一个利用所学知识，解决实际问题的机会，并培养学生的领导力、团队精神和沟通能力。

（四）英国职业院校的创业项目和创业行动

1. 创业项目

创业项目是高校学生开展创业活动的一个重要途径。近几年，英国高校开设的创业专业已逐渐形成了“本硕博一体化”结合的实践性课程系统。谢菲尔德大学已经建立了一个面向大学生的“第四年选择”项目。此课程主要针对电脑及工程系大四毕业生，其主要目的为培养商务相关之核心技巧、探讨工程学在商务战略中所扮演之角色、以及将各种工具及技巧应用于商务规划。该计划还为学生设计了 15 个创业活动的流程，例如：描述问题、拟定合约安排、财务计划、撰写商业计划等，以此来提高学生在商业环境中对问题的理解、分析和解决的实际能力。

伦敦商学院的专家硕士计划（Specialist MSc Programmes）为那些已经在理科和工程学专业毕业的人提供为期一年的专业硕士计划，其中包含了创建新公司和目标管理等课程。本课程鼓励学员与外界建立密切的合作关系，并将有关的实际工作与自己的事业规划结合起来。

由伦敦大学学院进行的研究课题（Research Students）仅限于那些在其指导下可以如期完成学业并得到其指导老师批准的博士学生。本项目的重点是对本领域的博士申请人进行经费支持，并参与3个月的延迟的创业实践，将其具体内容和实践环节写到自己的文章中，并且在文章中加入有关企业评估和发展规划的内容。

2. 创业行动

特定组织机构通过通过提供资金、生活保障和创业咨询等方式，对创业行为进行直接的介入，以创业启动（BusinessStart-ups）的方式来帮助大学生自我创业。它的对象一般可划分为三大部分：一是在校大学生，以鼓励并协助其创业；二是在读学生，在读学生往往具有商业理念、经验和资源方面的优势，被认为是未来的创业者（“Would be” entrepreneurs）；三是高校所处的社会群体中，有可能成为创业者和创造性人才的群体。

从具体的实施方案来看，主要是由孵化箱、培育箱以及补助金组成。在英国，以桑德兰大学为基础，以商业学校为基础，在全国范围内率先成立了高校创业孵化中心。在此基础上，提出了一种以创业为主体，以创业为主导，以创业管理为主导的企业孵化模式，以创业孵化模式推动创业。若学员所提交之经营方案切实可行且获接纳，即可加入该孵化中心，并获得孵化中心之相关之协助。由于孵化成本低、风险小，在企业的“软起步”方面效果显著。

伯恩茅斯大学的创业“培养箱”为大学生提供了一个由区域发展委员会（RDA）提供资金的“创业亭”，为大学生提供了创业活动。“创业亭”实体位于校园与商圈中间，具备良好的办公环境，既可作为教育科研基地，又可作为创业的试验场。

史塔福君大学向学生们发放了一笔商业贷款，金额一般为1000英镑，并且还会在一年内获得一套免费的宿舍。有更多的人得到了这种补助，根据2007年度的数据显示，有70%的史塔福君大学毕业生得到了这种补助。

（五）英国大学科技园与创业教育

在英国，科技园区一般被称作科学园区，剑桥科技园区成立于1970年，是英国最早的一家科技园区，截止到2008年，已经有超过70家的科技园区成为了英国科学园区联盟（UKSPA）成员。1987年，大学科学园有607个注册公司，到了2008年，已经增加到3094个，为学生们带来了73603个就业机会，其中82%是自主创业的高技术公司，剩下的都是外资公司的附属公司。私营企业的参与和职业经理人的经营，使得科技园区的运行更为专业化，这使得科技园区的师生可以把更多的时间投入到科研工作和科研成果的商品化上，同时也使得政府可以把更多的时间用在改善整体生态和各种政策上。

英国的科学园既可以是一个创业的直接顾问，也可以是一个非直接顾问机构。主要提供的业务范围有：创业规划咨询、技术转移、知识产权咨询、贷款及风险投资、学生实习及行销顾问等。一般情况下，科技园都设有科技与知识中心，以高校、科研机构为主要服务对象。很多英国的科学园都有以创新为基础的孵化机构，它们通常有两种模式，一种是独立经营，另一种则是将它们全部并入到公园中进行经营。在初创企业的早期，孵化器的作用是显而易见的，为其提供了一个很好的创业环境，在那里，创业可以得到专业的科研人员和充足的风险资本。一般情况下，为了加快被孵化的公司的发展速度，孵化器会为他们的创业计划、融资、营销策略等等。牛津科技园区在整个英国是一个很好的例子。

1997 年，英国牛津大学设立了一家名为“Isis-Innovation Ltd”的专利转换与管理公司，该公司专营于学校内的专利申请与转移工作。牛津科技园通过实际操作，深刻认识到，要将技术成果变为商品，不仅要对技术成果加以改进，更要对技术人员、客户等进行商业、营销等多个领域的训练，使其更好地与投资者、客户洽谈、推广等。但是，由于缺乏相关的实践和训练，很多专利发明人在将一项优秀的专利成果变成一项生产过程中遇到了困难。因此，在 2003 年，园区主任彼得·多布森与牛津大学伊斯创新有限公司、商学院及牛津进修学院等伙伴，共同向政府递交一项“推动牛津大学科技成果转换”的计划，并在这一年成功申请到超过一百万英镑的“职业院校企业发展基金”，用以资助其科技转换。牛津大学技术学院很快利用这笔钱，为学院增加了四名工业研究人员和四名商业发展研究人员，以帮助那些有潜力，但还没有足够的资金去研发的产品。其运作方式为：牛津大学的专利持有者为工业委员，而商业发展委员则需要具有高科技行业工作经历及工商管理硕士学位的人才，协助工业委员进行计画及商业操作。到 2005 年为止，牛津大学已经建立了超过 50 个基于专利技术的高新技术企业。2005 年，又有 4 个新企业进入了该园区，所获得的投资金额多在一百万至一千万英镑之间。近年来，尽管世界经济形势并不十分乐观，但牛津科技园区却一直保持着一项记录，从未出现过一家企业倒闭。2004 年，英国高等教育资助委员会借鉴了牛津科学园区的经验，将“职业学院企业家基金”计划扩展到了大学科学园区。

四、德国职业院校的创业教育

德国是目前世界上经济和科学最发达的国家之一。“德国制造”往往是高品质的同义词。德国自 1969 年起，就开始实行“双轨制”的教学制度，对学生进行了实践性的训练。在德国，建筑工地、工厂、公司、政府机构，到处都可以见到实习生的身影。他们在导师，上司的带领下，做着与自己所学有关的工作，在实践中认识自己、认识社会、经受磨练，并按照自己的特点，将自己的才干发挥出来。在实践能力的培养中，学生的创业意识是在不知不觉中逐渐形成和强化的。

自 20 世纪 80 年代开始，德国教育界就对大学创业教育进行了热烈的探讨，一般都认为大学创业教育是一种以大学生创业经验为基础的、以创业为基础的教学和创业文化为基础的素质教育，旨在提高大学生在创业实践中所需要的创业能力、创业精神、创业意识以及心理品质。到了 1990 年代中期，随着失业人数的猛增，政府急切地想要创造一个更好的创业环境，创造更多的工作机会。从那时起，德国政府和各职业学校都对创业教育给予了高度的关注，到现在为止，德国已经初步建立起了一套完善的创业教育政策，完善的创业教育课程，科学的管理，浓厚的创业文化。通过对德国大学生进行创业教育，使他们的创业意识得到了很大提高。

（一）德国职业院校创业教育的发展历程

德国的创业教育可以追溯到 1950 年代“模拟公司”。前期的创业教育是针对职业院校经济学专业的，通过“模拟公司”，让学生了解整个商业运作流程，了解各个环节的关系，从而使他们在没有经济行为风险的情况下，能够更好地锻炼他们的动手能力。

20 世纪 70 年代中叶，在科隆大学、斯图加特大学零星地开办过有关创业精神的课程，并进行过几次相关的研究。80 年代，美国多特门德大学成立了“创业教育”研究中心，并在此基础上对其进行了深入的探讨。90 年代末，德国大部分的公共事业单位都在缩减人员，大型企业也在削减人员，工业转型导致了工作岗位的减少，传统的大学生工作岗位也在减少，大学生的失业情况也在不断加剧。因此，我职业院校对创业教育的重视程度越来越高，高校对创业教育的需求也越来越大。

为了培养学生的创业动手能力，减轻他们的就业压力，德国的教育与研究部门对其进行了积极的推动，在传统的高校中引进了创业教学，并在高校中广泛开展了创业教学；另外，EXIST 计划于 1998 年正式开始。德国鼓励创业精神的计划在 EXIST 的职业学院推广计划中得到了进一步的发展。EXIST 计划的目的是为了改善职业院校的创业环境，推动职业院校的文化交流。到了 2006 年，职业院校的自我意识发生了深刻的变化，考试和研究程序也发生了变化。

EXIST 项目的目标：促进职业院校科技成果转化；增加创新职位；支持由高校和

学院产生的创业；在职业院校中，应把创业文化融入到教学、科研和管理中去。这一项目旨在改善德国高校的创业氛围，推动高校教育教学的改革，在高校内形成一种“创业文化”，使高校与地方企业、科研院所形成紧密的关系，并对高校、科研院所中产生的新企业进行扶持、创造新的就业机会。

在“EXIST”计划的帮助下，自主创业成为了大学的一条出路。在职业院校开展的创业教育及有关创业训练计划，增强了学生的创业意识、创业能力、企业运营能力。在EXIST计划的帮助下，为创业的准备与建立开辟了一条新的途径。通过构建职业院校与区域科研院所的交流平台，提供了创业的机会。

另外，德国还在高校中设立了许多关于创业教育的研究中心（院），例如，德国高校创业能力提升研究学会，着重开展高校创业实践的实证研究，并产生了一批具有影响力的学术成果，成为德国高校创业教育发展史上的一个里程碑式的事件。

1998年，创业教育学被列入德国25所高校的核心课程，12所高校开设了创业教育学的主讲，每个高校有30多个关于创业教育的教授。21世纪以来，德国高校的创业教育取得了长足的进步。创业教育学的课程体系变得更完整了，它涵盖了创立、融资和管理等各个领域，主要内容有：如何写一份商业计划、如何创办一家企业、社会创业、企业营销等十多个科目。另外，开办创业教育的职业院校从25所增加到100所，创业教育学的教授岗位也从最初的12个扩展到了所有的创业大学。德国教研部于2001年、2006年先后推出“EXISTΠ”“EXIST III”两项计划，为的就是在20个地区提供更多的资助，以期在高校的传统教学文化中植入创业教育的理念。

（二）德国职业院校创业教育的组织模式

德国职业院校的创业教育有三种组织模式：校本整合模式、校园独立模式、校本双元模式，其中以校本整合模式和校园独立模式为主。

1. 校本整合模式

校本整合模式即高校不仅要开设“企业策划”“网络营销”“财务管理”等纯粹理论性的课程，而且还要向学生提供“企业管理”的实践性课程；大学对学院的一切工作，例如：学院的学术教育、实践训练、指导和咨询等，都有完全的责任；学校的行政工作是由学校的职员和学校的理事会来完成的。

美国伍珀塔尔大学的“创业计划”就是其中最具代表性的一种。伍珀塔尔大学是德国高校中开展创业教育最成功的一所高校。课程将为学员提供一系列完整的创业价值链课程，让学员由初始的创业概念，到实际的经营计划，再到成立衍生公司。事实上，该项目是由两位拥有创业学位席的教授共同管理，其中一人负责制定特殊的教育方案，而另外一人则与创业讲习班取得联系，就创业问题向学生提出建议并对其进行培训。但大学并没有像孵化器或者科技中心那样，为创业提供专业的课程。很多创业教育工作都被委托到了一个叫做“Bizeps”的网站上，这个网站是一个本地的风投资助网络，它的宗旨是帮助高校学生和老师去创造投资机会，并开发成长速度很快的科技项目。

2. 校园独立模式

校园独立模式是一种分散的创业教育网络。这一模型旨在通过强化校内校外组织间的关系，聚集特定的职业能力与资源，从而建立一个行之有效的合作伙伴关系。这一模型的运作完全自给自足，在很大程度上是一个顾问团，而不是高校和私营企业占主导地位。创业培训网络中的成员们，在签订合同后，可以明确自己的职责和任务，并基于自己的能力来达到最优的分工。

德国卡尔斯鲁厄大学的“KEIM”计划就是其中最具代表性的一种。这一课程属于德国教育部 EXIST 课程。近 20 年来，卡尔斯鲁厄一直是德国企业家与创新活动最为活跃的区域。许多高校都十分注重实践性、创新性和实用性，对大学生的创业进行了广泛的研究。在 1998 年，卡斯鲁厄大学、卡斯鲁厄应用技术学院、普福尔茨海姆应用技术学院、卡斯鲁厄研究中心、卡斯鲁厄城市、卡斯鲁厄技术开发区、卡斯鲁厄商业协会，这是一个区域内的多个大学联合成立的组织。本课题旨在以 KEIM 过程为指导，构建高校和研究院所创新文化，通过高校和研究单位之间的协作，提高新创企业的数量和水平，通过对新创企业进行持续改进、协调和个体化服务，加快新创企业培育和发展。该项目将从激励、动员、扶持、定向开发四个层次，为高校与研究院所中新创企业及初创企业构建一条清晰的流程。自 KEIM 项目启动至今，已经成立了 200 家企业，员工超过 1000 人。尤其是卡尔斯鲁厄科技园区，该园区是德国最具规模的创业孵化基地，在该孵化基地的科技厂房于 1999 年建成第十五年，共有 170 名企业家，而这些企业家中，有 40% 是由高校或科学研究院所所创办。

3. 校本双元模式

校本双元模式重视大学学术与创业实践。但是，高校却将一切与创业有关的活动，如供应和服务都外包，这样，高校就可以脱离高校的附属机构，减少高校的经营压力。这种模式将学术支撑与实务支撑按照能力进行区分，其中，学术支撑主要由高校教师提供，实践支撑主要由高校附属机构的专业人员提供。大学附属机构为在校学生提供了许多实习的机会。高校附属机构的经营相对自主性较强，高校只派出部分管理人员，并在高校附属机构中设立顾问机构，对高校附属机构进行有限的管理和指导。这种教学方式为美国部分高校所青睐，但为德国高校所采纳的情况并不多。

（三）德国职业院校创业教育的教学模式

德国高校的创业教育主要有两种教学模式，一种是经典模式，另一种是创业学习模式，前者是主体，后者是辅助。传统的教学模式是以问题为驱动的教学路径，老师会将学生的创业教育理论知识传授给他们，让他们根据具体情况来决定是否要自主创业。学习的东西都是事先准备好的，不能有任何的失误，也不能有任何的模仿。

创业学习模型是一种“策略-驱动力”的研究路径，学生不再是“被动的学习者”，而是“主动的”，主动的参与到创业实践中去。课程内容没有事先确定，也没有专门的课程教材，课程内容是按照学生在创业过程中遇到的问题来进行的；而且，学习的氛围也很轻松，不会施加给学生评分的压力，而且还可以让学生模仿、犯错等等。这一教学模式在我国高校中得到了广泛的应用。相对于传统的教学方式，“创业学习”模式能够更好地发挥大学生的主体作用。

在EXIST职业教育中，将理论教学和实践教学相结合，将自修阶段和自修教材相结合，增加了教学的灵活性。通过实践的学习，增强小组协作和团队协作。在特定的专门区内进行整体的知识传递，或在每个专门区内根据其他专门区的情况进行具体的操作。在此基础上，根据不同阶段的学生兴趣，不同的基础知识，不同的创业模式，不同的时间。将基于项目的工作、基于案例调研的学习和规划演练等作为具体的传授方式，促进学生对知识的掌握，提升创造力，培养团队合作能力，并贴近实际。

（四）德国职业院校创业教育课程体系

经过全行业的大力支持，德国的很多职业学校已经建立起了一个较为完备的创业教学系统，其中有创业精神培训、企业创业管理、创业法律法、商业计划、财务管理、市场研究、新产品开发、市场营销策略等数十个科目，其中包含了创业意识、创业知识、创业能力、创业实践、创业精神等方面的内容。慕尼黑科技大学的创业教育项目，如公司融资、风险投资、企业发展规划等，都是学生的必修项目，而像是生物科技和制药工业的融资与评估，以及创新企业家等，都是以创业者为主。创业教育还利用了对典型案例进行分析、为学生提供实践机会等方式，对学生的第一手创业实践的经历进行了丰富，这样才能够对学生的创业能力进行了整体的提升，推动了创业教育目标的实现。

EXIST 计划中的大部分职业学校都会开设一些常规的课程，其中有创业计划与管理、新创企业的发展方向、创业资金的筹集、商业计划的完成、企业特色的塑造（最重要的是方法与管理能力、，典型企业经济与法律问题的解决（市场营销、销售、人事、法律形式选择、企业权利保护等），还会有一些关于企业策划的讲座与研讨。在实施 EXIST 工程的职业教育中，将有关创业的知识以某种方式纳入到课程和考核方案中。第一，作为专业训练的整合部分，包含了学年内必读的科目（必修课）、学年内必修课、特殊专业的辅助选修课；专业训练的辅修课程由主要课程的组成部分、专业训练的必修课和专业训练的进阶课程构成。在 EXIST 职业学校，“创业”已被确立为经济学专业的一门必修课；但如果是选修课的话，那就不是经济学专业了。在多数 EXIST 职业学院中，创业课程最初是作为整体课程的一部分，通常是一门选修课，在与目标人群形成对应的共振，并对课程设置和考试安排进行调整后，逐步过渡到必修课。

五、日本职业院校的创业教育

日本在第二次世界大战之后的迅速发展，曾经一度成为世界上最耀眼的明星，然而，这个以引进、改良为基础的经济模型，却未能让日本的经济一帆风顺。日本经历了一个“迷失的十年”，这是因为他们低估了全球经济形势。

根据“Global Entrepreneurship Monitor 2000”的问卷调查，日本人中有 17% 的人希望有自己的公司，31.3% 的人对企业家表示敬意，4.6% 的人相信未来五个月可以找到新的商机，60% 的人则因为担心失败而放弃了创业。日本创业的比例仅为美国创业人数的三分之一。日本的经济相对于美国来说，缺少了一种生机勃勃的状态，这对创业来说是非常不利的。

从八十年代初至九十年代末，日本的新兴工业与美国之间存在着很大的落差。日本为摆脱经济增长的“影子”，建立一种新型的民族创新系统，在教育和科学研究领域进行了一系列的改革。随着经济的持续发展，创业精神必然会以一种有序化的方式与社会融合。“促进创业家培养的体系”于 2002 年在各高校开始引入。一些高校已经开始对基本教学内容、教学方式等方面进行探索。

（一）日本职业院校创业教育的发展历程

虽然创业教育在日本的引入和发展只有十多年，但是它的形成和日本重视实践性教育和创造性人才的发展有着密切的关系。

由于日本在20世纪60年代的经济建设中迫切需要高技术、高技能的技术人员，日本高校把教育的重心转移到了培养实用的科学、工程、技术、管理等方面，并把重点放在了建设“五年一贯”的高校上。不少学校和企业开展了“产学合作”，为工业部门输送了大批的高级技术人才。对于公司所需的管理和运营方面的知识，更多的是通过公司建立的培训机构来进行。有些传统的商业大学、工学院等职业化的学校，为具备技术能力的人提供了创业的机会，但是，他们的课程内容和所针对的学生的范围都非常的局限。

20世纪70年代以来，日本公司迅速发展，需要更多的人力资源。很多公司都希望高校能为员工提供管理、运营、市场营销等方面的训练。日本在这一背景下，加大了高校改革力度，高校改革的核心是创新，高校改革的基础是与学科有关的技术，从而实现了学科与学科创新的有机融合。1973年，立命馆大学教育部首次在日本建立了开放的大学教育中心，并推行提倡4S主义，即大学教育必须面向研究（Study）、学生（Student）、社会（Society）、服务（Service）。学校与企业、机构和行政机关合作，通过“业界分析”“与国际商界合作”“与政府和机构合作”等课程，为学生提供更详尽和具体的职业知识，让学生对未来的职业发展方向有一个清楚的了解。

日本在20世纪90年代经历了一次泡沫经济的破裂，传统工业不复往日的荣光。在经济转型过程中，中小企业因其灵活性而逐渐替代了大企业，而传统工业要在这一过程中立于不败之地，只有通过创新才能获得制胜之道。与此同时，日本还出台了一系列旨在发展新产业、创建新企业、推动技术进步、培养和有效分配科技人才、改变高成本的产业结构等方面的支持措施。一些艺术院校和研究所提供了创业教育；部分理工院校或研究生院试图以高校为核心，以创业企业实验室（VBL）、产学合作研究促进中心等为依托，开展具有当地特色的创业教育。

日本在2000年的国民议会上，提出了在高校中进行创业教育的建议。一时间，许多大学将大学生、研究生和社会人士作为学习的目标，从终身教育的角度着手，通过实施社会人才特别选拔制度、定员编入制度、昼夜开讲制度、科目辅修制度等灵活的导入制度，来支持创业教育。例如，早稻田大学举办了一场“晚间集中演讲”，而攻击手商业学院则举办了一场“职业规划注册演讲”。高校为培养大学生的创新创业能力而开设的“创业”课程，已成为高校大学生创业教育的重要组成部分。

2002年首届“日本产学研合作研讨会”上，与会学者提出要以产学研合作为平台，以产学研为纽带，以产学研结合为平台，推进产学研合作，推进产学研结合，推进高校产学研合作，为高校产学研合作提供平台。大会还制定了三年之内成立1000家高校创业公司的具体目标。2004 年，国立大学法人改革之后，高校内部的“创新”“创业”等因素逐渐被纳入高校考核体系，“创新”“创业”等一系列问题也逐渐被日本高校所关注。在日本，创业教育已逐步成为一种新的高等教育发展趋势。

（二）日本职业院校创业教育的理念

真实的创业过程并不如在虚拟世界中那么轻松，它是十分残忍的，每一步都隐藏着巨大的危险，在模拟的企业中，它会不经意地避开最关键的一个环节，并且面对危险的挑战精神是一个企业家必须具备的品质。

ESP（Entrepreneurial Stimulation Project）以创建大学风险企业为突破口，利用创业教育激励理念的平台，对学校环境进行改造，从而构建出一个适用于创业家培养的三维体系。这一制度是五个相互交错的附属制度所组成，中央相交的就是高校创业公司，围绕着创业公司的五个附属制度就是创业的软环境。

学生创业教育（Entrepreneurial Business Education），指的是将大学生和研究生作为学习目标，在学校中为学生提供必要的学习内容，邀请国内外著名企业家到校 1~2 个月，派遣学生到国内外风险企业取得一定学分的见习，开展创业计划设计大赛。

大学校园特定空间（Dedicated Spaceon-campus）指的是通过开放校园的方式，为课题组、研究者、学生、企业人士提供具有社会性的论坛，以学科交叉、文理互动、交流创业计划等形式，来进行各种活动，从而达到对学校资源的综合利用。构建学生与学生间的宽泛关系，构建以学生为主体的企业发展交互系统。

提供服务网络（Service Provider Network）指的是构建起一套为具有创业精神的同学们在课堂之外提供知识的服务系统，它包括了学校内部的企业孵化设施、创业辅导机构、种子资金服务机构等，为创业者们提供相关的信息服务，同时也为一些具有一定发展前景的创业项目提供种子资金和营运资金。

社会力量（Social Gathering）是指借助学校的校友网络、地域性企业支援机构、非营利性机构等社会资源，将学校与企业、社会进行对接，一起来设计学校的创业课程教材、融资创业风险资金、完善创业基础设施，并将其与社会进行反馈，从而推动区域经济的发展。

数据库资源和信息网络（Database Resources& Information Network）是指创建一个有关创业管理运营的专用数据库，为创业者提供一个有关创业知识的资源库。构建创业型创业项目数据库，掌握创业型创业项目的发展趋势。

这五个辅助系统不存在时间上的先后顺序，它们是并行运作的。各系统间互相协作、互相交流，提高了对资源的使用效率。ESP 的概念为我们的课程设计和活动实施提供了一个基础模式，这个模式以政府与产学紧密合作的支撑系统为基础，如果没有产学合作、官学与产学之间的相互作用，我们的创业教育不仅缺乏支持的力量，而且缺乏实质的内容。

由于各高校对创业教育的理解不尽相同，因此，各高校在实施创业教育时，其思想导向和培养目的也各不相同。日本高校创业教育的方向可划分为：重视创业精神、连接地域、全球战略精神、日本本土精神和实用理论五种。

（三）日本职业院校创业教育的课程模式

在日本，创业教育主要有三种类型。第一，作为 MBA 课程的一部分。日本各高校在借鉴外国办学计划的基础上，率先在 MBA 课程中开展了企业管理与管理的实践活动。22 所高校中，16 所 MBA 设有“创业教育”和“风险理论”，与之有关的专业有 37 个。但是，如果学生们要返回最初的工作单位，那么 MBA 很有可能不能满足企业家的需求。第二，是 MOT（技术管理）的一项工作。一个好的工程技术人员，除了要有一身过硬的技术外，更重要的是要懂得怎样做一个好的管理人员。目前已有 8 所高校在 MOT 中设置了“创业教育”和“风险理论”等 14 个学科。第三是以大学生为对象，将其视为大学生生涯发展与个性塑造的一个重要纽带。为自己规划未来，采取行动并对自己负责，这是企业家行为的基本要求。这样的品质并不局限于企业家，而商业同样也要求有这样的品质。目前已有 8 所高校在本科阶段设置了“创业教育”和“风险理论”这两个专业，共 20 多个专业。本课程主要讲授金融与资金筹措、营销策略、专利与知识产权策略、法律问题等。

日本的创业教育正致力于发展多种多样的、系统化的课程，使其学员自动地学会自主承担责任的原理，并学会投资和风险的意识。但是，不同的高校在实施创业教育的过程中存在着差异。从当前日本职业学生创业教育的现状来看，主要有四种：“企业家专科化”“经营技能综合演练化”“创业技能辅助化”“创业能力培养化”，这四种类型构成了由高到低、由专业到大众化的创业教育体系。横滨大学是一所以“企业家创业”为典型的大学，主要开设了“经理人的领导能力与商业原理”“风险投资与商业运作”等专业，以“公司创业”为主要教学内容，旨在培育大学生的“企业家精神”与“商业思考”。其中，“企业家的领袖能力与管理原理”以创业理想、创业精神等为核心；“风险企业经营管理”课程从现实经营的视角出发，利用他们分别是：积极参与到技术系风险企业、非技术系风险企业、中小企业、风险资本、企业孵化器等不同领域的经营者或支持者，他们的发言，帮助他们提高自己的创业思维，让他们对现实中的创业的复杂性有一个清晰的认识，让他们明白什么是真正的创立企业。信州学院属于次专科性创业技术类，主要培训学生创业所需的技术。所提供的科目有：经济战略论、企业经营概论、经营组织论、企业活动和法、企业的社会责任、市场论、应用市场、技术开发特论、人力资源管理论、逻辑演习、课题演习、经营论特论等。在教学的时候，要避开理论性的讲解，而要重视对学生进行实践技能的培训，让他们在真实的创业实践中拥有最先进的思维意识和决策能力。庆应义塾学院是一所以商业计划人才培养为主要内容的综合性操练式学院。庆应义塾湘南藤泽校区（简称“藤泽校区”）构建了以“创业培训”与“创业支持”相结合的“创业培训”体系，以“创业培训”为核心内容，构建了“以创业能力培育”的“创业培训”体系。现在提供的是“SIV Tutorial”与“新企业创建理论”两个不同类型的项目。在此基础上，开展创业培训，帮助有意愿的学生更容易进入到有意愿的企业，不仅可以减少企业的前期筹备，而且可以增加企业的成活率。立命馆学院是一所以实践性强、强调产学合作、强调实践性强的学院。在课程开发上，为使学生更好地理解创业的实质，将“创业引入科”作为必修课目，同时面向大学二至四年级，将“基础科目群”“拓展科目群”和“实践科目群”，并将开展创业活动见习的“实践科目群”作为必修课程。“基本学科组”的内容有：创业理论、创业理论、经营战略理论、事业规划理论、资金规划理论、生产制度理论和知识产权理论；“拓展课程群”是由项目开发联盟，邀请具有丰富实践经验的知名商业咨询公司的代表，以集中开设“创业专题讲义”的方式，授课的内容具有一定的灵活性，比如：企业孵化论、技术系创业、产品商品化、高科技市场、改革战略论等。实践课程组中，亦设有创业讲座、创业活动实习、创业支援实习、创业管理实习及海外创业实习等课程。

（四）日本职业院校创业教育的实施途径

在以创业教育为名的课程中，只有极少数学校采用了“课堂授课”的方式，而大多高校则以“个案研究”“团体研讨”为主。创业家们的亲身经历也是一种个案研究。与案例教学相比，PBL（Problem Based Training）是一种更先进的研究方法，它是对一些未被解决的问题进行研究，并将研究结果反馈给学生。许多高校已将创业策划书的编制和演练融入到教学中，近一半高校已开展了创业策划竞赛，并以其授课结果为依据。有些课程是需要在创业公司实习的，而在创业公司实习的时候，是可以获得学分的。受邀嘉宾的参与度也很高，其中以有过创业经验的企业家、风投、银行、证券及其他金融机构的著名人士为最多。

1. 创业教育讲座

从创业讲座面向的对象来看，52% 面向 MBA，20% 面向 MOT，28% 面向本科生。所采用的教学手段也是多样的，包括创业精神和技能的课程讲授、创业成功者经验论坛、实例研究 + 小组讨论、创业计划制作 + 演习、指导、企业见习制度等。在创业家养成的讲座内容中，“风险企业是什么”“创业计划的做成”“实例研究”“经营战略”“营销讲义”的实施率比较高。

2. 创业实践实习

实践是进入公司的一个重要途径，也是实现自己的企业家之梦的一个关键性步骤。高校实习实践率在不断提高，职业院校实习实践性程度明显高于本科院校，例如，2002 年度职业院校的实习实践性程度达 90.5%，本科院校的实习实践性程度为 46.3%。在开展创业实习的时候，大部分的学校都会把实习与区域经济以及产业、企业面临的现实问题相结合，用各种方式对学生进行实践技能的培养，并且在大部分的职业院校中，都非常注重以案例为基础的团体讨论。

3. 创业计划竞赛

日本把“创业方案比赛”看作是衡量大学生创业能力培养效果的一种主要方式。在这个创业项目实施的进程中，可以很好地考验到参加者的创业家品质。就创业比赛而言，早稻田大学是世界上最有名的。自 1998 年以来，早稻田大学一直在组织一项关于创业的竞赛，目的是为了让创业者更好地改进他们的创业理念，并为他们找到合适的合伙人和赞助商。早稻田大学于 2002 年成立了“早稻田创投论坛”，旨在收集并评选出优秀的企业家。

4. 国际合作交流

日本为推动青少年协作开展了一系列的国际活动，并作出了积极的努力。1990 年代初期，私立高校推出“创业及改良事业”计划，为市民提供训练，以协助商业成长。“全球创新创业发展联盟”（Global TIC）是一种以专家学者、法人团体和企业为主体的推动创新创业教育的机构，日本是其中一个成员。本会透过国际间的沟通，搭建一个整合型的创意与企业家的全球聚光灯。日本也引进了风险商业实验室（VBL）和知识资产商业（KAB）。日本十分注重与外国高校的“校际交换”，并与美国哈佛大学、麻省理工学院、中国清华大学、中央财经大学、哈尔滨理工大学等著名的职业院校进行了“双一流”的创业教学，并从中吸取了一些有益的教训。

第二节　我国职业院校创新创业教育

一、我国内地职业院校创新创业教育发展的现状与特征

（一）中国内地大学生创新创业教育之历史发展脉络

在全国范围内提倡创业教育，这在中国的教育发展史上具有重大意义。这一步走得有些迟，走得也不算太远，但也算是稳扎稳打了。中国大陆高校创业教育的发展具有扎实的基础，在中国的改革开放浪潮中孕育而生，在中国教育变革的活跃时期，处在全球的创业教育主流化背景下，基于中国高校的务实理念和较为成熟的实践经验，中国内地高校的创业教育也有其发展的几个重要时期。

1. 萌芽期（1978—1992）

自改革开放后，四川省一批有识之士在全国范围内首创了“创业教育”。它的基本思路是创新与专业相结合。它主要在农村进行试验，目的是为年轻弱势群体提供就业机会。它的基本理念是以陶行知的“生命教育论”为基础，提出了一种以创业为基础、以职业为基础、以创新为基础的创业教育；创业意识是一种创新精神和专业精神的结合；创业才能是创造力加专业技能等等。1989 年，联合国教科文组织在 21 世纪教育国际研讨会北京召开的“21 世纪教育”大会上，首次在“21 世纪教育”大会上，提出了“第三本护照”：即“创业能力”，并呼吁将其提升为“与当前学术性、职业性两个层次的教育护照相媲美”。从那时起，大学生创业教育的实践活动逐渐出现。

2. 起步期（1992—2002）

在 1992 年的“十四大”中，在《党章》中首次出现了关于建立社会主义市场经济的内容。高校开展创业教育所需的政治环境、经济条件等方面已基本具备，已步入正轨。在 1997 年，由清华大学的毕业生们发起，第一次举办了“清华创业计划竞赛”。“挑战杯”中国大学生创业创新大赛于 1999、2000 两年由共青团中央、中国科技协会、全国学联共同主办，清华大学、上海交大共同主办。这就是中国大学生创业教育比赛

的开始。我国在1999年1月发布的《面向21世纪教育振兴行动计划》（以下简称《计划》）中，《计划》中明确提出要实施“职业院校高科技产业化工程”，促进国家高科技产业发展，促进新的经济增长点的培育。充分发挥职业院校的专业优势，为各类产业的科技创新、产业结构调整、转型提供有力的技术支持；建设“孵化器”，如高科技产业化基地、科技园区，并明确提出要“加强师生创业教育，鼓励师生自己开办高科技企业”。目前，我国已建立起社会主义市场经济体制，对大学生进行创业教育已成为一种共识，一些条件较好的行业和职业院校也已开展了创业教育。

3. 发展期（2002年至今）

为响应国家大力发展创业教育的要求，2002年4月，教育部高等教育以8所高等职业学校为试点，在京组织了9所知名职业学校参与的“创业教育”试点工作座谈会，对职业学校开展创业教育的有关问题进行了初步探索。会上，代表们一致认为，开展创业教育，广泛开展大学生创业活动，不仅是当前职业院校教育的一个重大的工作，而且也是当前职业院校教育改革和发展的一个主要方向。2002年8月，北京航宇大学受教育部高等教育处委托，在全国37所高校和河南省教育厅的60多位专家学者出席了本次研讨会。本次会议就如何开展创业教育进行了讨论，显示出国家对创业教育的高度重视。最后，以中国人民大学等8所职业院校为例，进行了创业教育的试点工作，并给予了一定的政策和经费。目前，我国已初步建立起以职业教育为基础的创业教育模式。

在2007年，中共十七大的报告中明确提出：“贯彻落实扩大就业的发展方针，推动以创业带动就业”。在《关于大力推进高等学校创新创业教育和大学生自主创业工作的意见》发布后，各职业院校、科研院所纷纷对其进行了深入探讨，并在此基础上提出了若干建议。在2013年11月发布的《中共中央关于全面深化改革若干重大问题的决定》中，进一步提出要“健全政府鼓励创业、社会支持创业、劳动者勇于创业的新体制”，“健全城乡平等的就业创业公共服务系统，建立劳动者终生职业训练制度”，“实施职业学生自主创业激励政策，统筹发展国家级与省级职业学生就业创业资金”。我国把创业提高到了“国计民生”的高度．目前，国内的创业教育正呈现出一种百花齐放，各显神通的态势，而且正在以空前的速度迅速发展。

（二）国内本科院校的创新创业教育实践

在越来越严重的就业情况下，职业院校怎样强化创业教育课程，确定创业教育课程目标，对人才培养方式进行创新，提高学生的创业能力，以培养出具有创业精神、创业品质、有竞争优势的高素质人才，这是每个职业院校都要关注并要解决的问题。

中国职业院校已在开展创业教育方面进行了初步的探讨，并在此基础上根据自己的学校特点，选择了有自己特色的创业教育之路。

中山大学的创业教育系统由六个部分组成，分别是：创业基本单元、创业活动单元、创业社团单元、创业基地单元、创业服务单元和创业研究单元；中南大学已建立起“4个教育思想”“6个创业教育体系”“6个结合”和“8个方法”的“4668”创业教育模型；温州高校在培养学生创新能力的过程中，十分重视培养学生的创新能力，建立具有地域特点的创新能力的培养模型；上海外贸大学加强与国外的交流与交流，努力建设与国外的交流与交流平台；在清华开办了一系列的“创意和创业”活动，并发起了“慈善和创业”活动竞赛活动；宁波大学放手让学生成长，构建了“以课程为基础，以实践为导向，以管理为先”的“平台—模块—窗口”型大学生创业教育模型；南京航科学院在此基础上，探讨和开发了一套“全过程的创业教育”课程，该课程分为四个阶段，五个模块；江南大学以“一个主线，两个抓手，三个保障，四个结合，五个基地”为核心的综合素质教育体系；华东科技学院建立和实施了“概念—计划—仿真—操作”的全过程的企业管理培训模型；广西高校以中国—东南亚自贸区、北部湾经济区为依托，以培育高素质的企业家为己任；东南大学建立起一套“以基础理论激活创新创业思想，以学科知识拓宽创新创业视野，以实践锻炼加强创新创业技巧，以自主学习提高创新创业能力”为核心，以创新创业为主体的创新创业人才培养系统。在台湾的职业学校中，以Global-TIC结合为基础，将各种资源进行整合，为学员开设既有理论性又有实用性的、结构化的创业教学，成为一种新型的创业教学方式。

（三）国内职业院校创新创业教育独创之典型模式与特色

高等职业教育是在经济发展和市场需求的推动下产生的，它在我国高等教育中占有一席之地。高职教育是一种以创业为导向，以创业为本培养高素质的创业型人才。职业院校的创业教育虽然比普通职业院校要晚一些，但其后期发展甚至有超越的趋势，尤其是近年来，更是在职业院校中上演了一出好戏。高职院校的创业教育思想与普通高职的创业教育思想相一致，它们的目的就是要将学生的潜能完全发掘出来，提升他们的创业基础素质，培养他们的创业能力，让他们拥有更强的社会适应性、更广泛的竞争能力以及更大的发展空间。在我国高职创业教育十多年的实践中，产生了十多种具有代表性的本土创业教育模式。

1. 融入区域经济发展的苏州市职业大学创业教育模式

特点体现在创业教育的目标体系、内容体系和实践体系等方面。其基本内涵包括构建职业创业教育的目标体系，构建职业创业教育的内容体系，构建职业创业教育的实践体系。

（1）目标体系。

职业创业教育不再是一种为少数人服务的精英教育，而是一种为所有人服务的普遍性教育。创业教育是一项系统工程，它要求学校内部的各个部门都要通力合作，与此同时，学校的创业教育也属于整个社会的创业教育，因此，每一所学校都要给予足够的关注，把创业教育提升到一个战略的高度，其目的就是要用一种有远见的眼光来培养能够主动与当地的经济发展相适应的创业型人才。

（2）内容体系。

“三二一”的内容体系，即建立三个层次的课程体系，引入两种培养方式，培养一批具有丰富的创业理论与实践相结合的大学生创业指导教师。在三个层次上，主要有以下内容：第一，基本创业知识；二是在企业文化方面，开设“苏州地域文化开发”“吴文化”等学科，增强学生对地域的认识与认同；三是创造创业环境，通过举办创业设计比赛、创业沙龙等活动，培养大学生的创业意识和创业精神，培养大学生的创业精神。介绍了“SYB”与“大学生创业仿真训练”两种不同的培养方式。一批创业指导人员。通过与苏州市人社局、苏州市科技局等部门的合作，引进一批优秀的自主创业企业家，选派一批有能力又有责任心的老师进行“走出去”的培训，构建了一个导师资源库，从而为创业教育的顺利进行打下了坚实的基础。

（3）实践体系。

首先，在苏州地区产业转型升级的背景下，针对转型升级的需求，选择与地区经济发展相融合的运营项目，并以此为基础，以学校为依托，安排创业导师，利用现有的教学资源对学生进行引导，让学生充分运用所学知识，掌握专业技能，实现创业教育和创业实践的有机结合，全面提高学生的创业能力和创业素质。其次，以企业为依托，搭建实训平台，通过已有的“产学研”“就业”“实习”“社会实践”等平台，与企业进行深层次的合作，充分发挥企业资源，让学生在实训、实习、训练中体会到企业的操作过程，为未来的创业奠定良好的基础。

2. 全真环境学生创业园的浙江商业职业技术学院创业教育模式

“全真环境下创业教育”指的是，学校为学生提供创业经营场所（学生创业园），学生按照国家工商、税务管理有关规定，进行注册登记，他们创建的企业在经营活动中，按照市场化运作，依法纳税，优胜劣汰，并接受政府有关部门的监督管理。其主要特点是：全真的环境型创业教育，注重大学生的创业实践活动，与区域的经济社会发展紧密联系，能够充分满足参与创业的大学生的个人发展需求。认为大学生创办企业必须遵守市场的竞争规则，依法进行法律运作；着重指出，公司的管理制度的制定，员工的聘用程序，薪酬的设计，办公环境的布置，都是符合公司的现实情况的。“全真性”情境下的“创业”教学在全国尚属首次，被《光明日报》称为“中国职业教育的破冰之旅”。其主要特色如下。

（1）构建多元网络型创业教育体系。

即，在一个全真的学生创业园中，针对不同专业、不同年级、不同个性特点的学生的创业行为，把创业园建设成一个通识性创业教育平台、个性化创业教育平台、实践性创业教育平台、孵化型创业服务平台，形成一个分级的、全方位的、全员参与的，旨在培养高技能人才的“多元网络型”创业教育体系。

（2）专业教学与创业实践无缝衔接。

将一些具有较强技术性、较高动手操作水平的专业课程和实践活动设在具有全真环境的学生创业园区，在学生创业园中，任课老师对参加创业的同学们进行了详细的说明，并对他们进行了相关的示范，同时还对他们进行了一些可以让他们更好地参与到公司的创业实践中去。

（3）创业导师与教学团队协同发展。

要为高校教师提供更多的人力、物力和财力上的扶持，为高校教师提供更多的机会和动力。我们要大力扶持专业的老师创办自己的公司，并要主动提升自己的创业经历，并要积极鼓励老师带领同学们一起创办自己的公司。对与自己有着相似或相似之处的专业教师进行集体创业，成立合资公司，通过这种方式，可以推动他们之间的相互结合，从而建立起一支在实践中具备了系统的专业理论知识，同时还具备了丰富的实践经验的双师型专业教学队伍。

（4）创业基地与周边产业共生协同发展。

除了要努力提高自己的孵化能力之外，还要与周围行业的发展速度保持同步，加强与周围行业的合作，加强与周围公司的商业联系，从而提高学生创业园的活力和可持续发展的能力。

3. 课程教学与创业教育一体化的青岛酒店管理学院创业教育模式

学校在多年的实践中，逐渐形成将课程教学与创业教育融为一体的教学模式。也就是从创业教育的目标、内容，到创业教育的方式、途径，再到创业教育的领域、范围，逐步对学生展开讲解和分析，最终达到学生的创业教育目标。其特色表现在以下几方面。

（1）确立教学目标，规范教学内容。

在学院整体教育过程中，要针对不同学科的特点，制定不同学科的课程体系。通过研究对比，将创业教育的目的集中在对学生创业能力的培训和创业方法的指导、创业意识的培养上。其中，最关键的就是要实施“模拟创业过程”，并要求学生最后做出创业计划书，对其进行过程性考核和阶段性总结，最后将计划完成，并对其进行及时的谈论、分析、总结经验，从而逐渐地让学生在掌握了课程的基础上，能够制定出一套具有可操作性的计划，从而完成对创业基本素质的培训。

（2）采取“宏观模块”模式，统筹安排教学计划。

作为一种将专业课程教学的创业教育结合起来的方式和途径，教师要以创业教育的目的与内容为中心，对与专业有关的各个专业课教学内容展开有系统的、宏观的“重组和调配”，而不是以传统的授课方法为基础，按照书本章节的顺序，死板地从头到尾进行讲解。

（3）设立“虚拟企业”，实施“实训”策略。

首先，请各班级成立4家“虚拟公司”，约10人，各自“注册”名称，明确公司宗旨及经营范围。之后，根据所学的专业知识，选择主要的业务，实行“业务运作”，每一环节都要在老师的指导下，完成对应的培训，并上交一份期中报告。在此基础上，成立了实践训练基地。比如，已经建立起来的有“连锁超市”“物流分拨公司”等；美术学院“观光产品设计基地”“家装服务公司”；电脑系“网路服务”；厨艺系设有“西点送餐室”；旅游及饭店管理系设有“学生旅行社”，等等。老师们更是将课堂直接搬到实训基地，现场讲授，现场解题，做到了“学以致用”。

（4）邀请专家举办讲座，介绍成功案例。

通过与成功企业家的亲密接触，让学员们感受到身体和精神的冲击。利用身边的同龄大学生甚至是自己的师兄师姐的成功案例，让学生将他们的成功过程与自己的计划书相对比，找出与之不同之处。

（5）组织创业大赛，在虚拟竞争中磨炼能力。

创业比赛是大学生创业实践的一个实验场所，在激发学生创业欲望，提升学生创业能力方面起到了很大的作用。学校一方面要举办自己的大学生创业比赛，另一方面也要组织学生参加省级和国家级的大学生创业比赛。这些赛事对学生的观察力、思考力、创造力和动手操作能力都有很大的好处。与此同时，从竞赛中筛选出的一些具有很强应用价值的创业方案，可以通过对其进行改进、提高和推广，最终实现产业化，从而形成一种浓厚的创业氛围。

（6）增加挫折教育，培养科学创业意识。

在创业讲座中，有些成功人士不但向大家介绍了自己的成功经历，还对创业过程中所遇到的困难以及解决方法进行了详细的阐述。与此同时，他们还告诫学生们要正确对待挫折，在失败中寻找经验教训，最后调整自我，朝着下一步的成功走去。

4. 与专业教育融合共生的江西外语外贸职业学院创业教育模式

江西外经贸职业学院针对目前创业教育和专业教育之间还没有建立起有机的关系，创业教育是一个“织块”结构，并将其置于“正规教育”之外等问题，提出将创业教育与专业教育融合的构想。其主要做法如下。

（1）转变教育理念。

江西外语外贸职业学校为了适应这一需要，在他们的专业教学过程中加入了创业教育，以“就业与创业”为核心，建立了“语言+对外贸易+网上贸易技术”的国际商业类创业类专业人才的培训模型，并将对创业者的培训与对技术的培训放在一起，两种方式同时进行，为毕业生的就业、创业打下了扎实的基础。

（2）调整专业方向和人才培养目标。

人才培养目标为：德、智、体、美等全面发展，受到较好的创业教育，接受较强的专业培训，具备较强的高职学历，能够适应外贸电商发展的要求，精通电商相关的法律、外贸相关的相关知识，会一种语言，能够运用外贸电商平台进行跨国网上交易，具备较强的实践能力，能够在外贸中小企业中工作，也能够自己创业。

（3）优化课程体系，融入创业教育元素。

把创业教育与现有的专业教学相结合。把创业教育作为一项必修科目，把创业意识、创业心理素质的训练与培养融入到专业的教学之中，把创业精神的教育融入到创业教育之中，把创业实践的知识普及融入到创业教育之中。比如，我校的国际商务专业（外贸电子商务方向）在基于就业和创业精神的前提下，建立了一个全新的课程体系。一年级开设有“就业计划”、“演讲与演讲”、“国际贸易介绍”、“大学生企业家入门”、“货物制作与采购”、“电子商务”、“外贸实务”、“市场营销”等几门课程，目的是培养学生的“创业精神”。二年级开设了“网络营销”、“电商法律”、“外贸洽谈”、“外贸信函”、“商务礼仪”、“Photoshop”、“商务礼仪”等专业课程。高三学生利用“敦煌网络”开设了“经济法”等课程，利用“敦煌互联网公司”的网站对公司进行经营与经营活动，使学生在实际操作中学会、学会应用。以个人或团队的身份，挑选产品，寻找供应商，确定货源，并注册一个平台账户，实现对产品拍摄、翻译信息、上传产品、店铺管理、推广营销、议价磋商、下单配货、物流发货、买家收货、卖家收款、纠纷处理等一系列的在线外贸交易，使学生能够亲自体验一个企业的发展过程，从而能够积累企业的创业经验。

（4）创新教学方法，提升创业教育教学效果。

教学方式以行动导向教学法为主，常见的有任务驱动法、角色扮演法、头脑风暴法、卡片展示法、项目教学法、文本引导法、模拟教学法、自学探究法、案例教学法等。

（5）搭建创业实践平台，提高学生创业能力。

深入挖掘了高校的创业市场，成立了大学生创业协会，成立了高校的创业辅导站，举办了每年一次的校内展览会，教师成立了南昌市的“阿里迪迪”贸易有限公司，建立了“厚街”网站，进行了在线交易，还引导学生利用敦煌网等在线交易，让他们感受到了自己的创业生涯，从而增强了他们利用自己所学来的知识进行创业的技能。

（6）加强创业型师资队伍建设，保证创业教育教学质量。

一是聘请外贸行业中有成就的创业家、企业家、专家、培训师等为学校的创业导师或客座教授；在此基础上，选择一群有创业精神的师资力量，开展有目标的创业教育和培训，如 KAB 师资力量培训和敦煌网络运营培训。

5. 开设“创业班”的义乌工商职业技术学院创业教育模式

“创业班”是目前我国大学生创业教育中出现的一种新型的、有组织的、有计划的、有目的的创业教育。义乌工商职业技术学院是浙江省唯一一所以“以实践性强”为办学宗旨的“以实训为主”的综合性高职教育。从 2009 年起，学校在全省普通高中开设了 7 个创业班。其主要特色和成果在于以下几方面。

（1）创业班的教师。

为创业课程配有专职的创业导师，特别是在海外学习和创业经验的留协会员，和义乌市的商业和税务等有关部门的负责人，组成创业课程的“创业导师团”。

（2）构建“创业类”课程体系。

以“实践”为主体、以“理论”为铺的创业教学方式；根据大学生创业的实际需求，建立了学生创业班的课程体系。在大学一年级，除上一学期的必修科目外，主要是实践课，并辅之以相关的专业技术科目。学生可以自己去做生意，淘宝、拍拍、有啊等等，或者是敦煌网、ebay 之类的交易网站。主修课程以电子商务专业技术类为主，如网店装修、三维动画设计、网络安全技术、电子商务案例分析等实践性理论课，任课教师的教学方法比较灵活，以案例教学为主。大二、大三则因应同学之需求，开设相关之理论性科目，如：仓储与配送、人力资源与薪酬管理、社交礼仪等。

（3）构建创业类课程的综合测评系统。

提出了“学习好是好学生，创业好是更好的学生”“获得奖学金是好学生，得到企业认可是更好的学生”的思想。学校制定了一系列鼓励和支持大学生创业的政策。比如“创业奖”，就是根据《鼓励与扶持在校学生创业的若干规定》，对那些在创业方面表现出色，并对周围同学产生影响的学生，在各类评优评奖、入党等问题上优先考虑推荐等。

（4）构建创业课程中的创业实习平台。

学校在校园内划出5000多平米的“创业园区”，供各创业班级使用。通过开展“电子商务创业文化节”“电子商务创业比赛”“职业规划”等多种形式的文化活动，为大学生创造了一个良好的创业氛围。

6. 基于一定创业理论框架下的广东科学技术职业学院创业教育实践模式

广东科学技术职业学院自1998年开始在高职高专开设“创业教育”，从微观层面对高职学生开展创业教育作了一些有益的探索与尝试。本课程于2004年获教育部授予“全国精品课程”称号。广东科技职业学院以“以创业为本”的办学理念为指导，建立了以“创业”为指导的办学模式的办学思想和办学理念。

（1）创业教育理论框架。

对创业教育制度的建设，不能仅仅停留在“开课”和“竞赛”上，而应以“系统化”的思维来进行。其中，系统性思维所包含的几个要素，分别是：学校所持的创业教育观念、学校所处的位置和学校所拥有的资源。

理念。从国内外对创业教育的研究来看，可以概括为以下三类：

第一，创业教育是一种以全体大学生为对象，以创业为导向，以创新为导向，以风险为导向，以迅速行动为导向的创业精神；第二是对具有创业潜力的一小部分大学生进行的创业培训，通过这些培训，使他们掌握了将商机转变成实际价值的创业技巧；第三，创业教育是一种素质与技能并重的教育，应坚持第一与第二并重的思想。高职院校在建设与发展创业教育的过程中，应首先明确高职院校应秉承的是什么样的创业教育观念。

定位。美国宾夕法尼亚大学高等教育学院对1200所高职学院的调查结果显示：高职学院在明确自己的位置后，根据这一位置，设计出了自己的教育、教学内容、教学方式、学校形象，并通过有效的沟通，使自己在一定的区域内，在目标应聘者和行业中，形成了一种独一无二的形象。一旦形成了“独特形象”，就会在招聘会和行业中树立起自己的竞争优势。高校在创业教育中所处的位置，直接影响着高校在创业教育中所处的位置，从而影响着高校在创业教育中所处的地位。

资源。在构建创业教育模型时，高校对创业教育资源的整合能力是制约其发展的重要因素。这些资源主要包括：创业教师、可供创业教育使用的学校经费、创业训练和实习设备。比如，由于缺少对创业教育的教师，也缺少对创业教育的调查，使得光华学院不能为大学生提供有效的创业辅导，也不能帮助他们孵化创业；高校的创业“一条街”、为学生提供系统化的、切实可行的创业实习场所等等，都是因为学校内部的创业氛围和办学经费的不足。

（2）创业教育实践模式。

在以上创业教育理念的基础上，结合学校的定位，结合学校目前的创业教育资源，建立了自己的创业教育模型。光华学院的经营理念是：除了培养学生的整体经营能力外，还要培养一些具有经营意识和经营潜质的学生。整个创业教育模式由三个部分组成，一是由创业课程、创业模拟、创业实践、创业孵化构成的创业教育主体，二是由创业大赛、创业辅导与咨询、创业论坛构成的创业教育辅助体系，三是进行创业研究，构建创业教育模式和体系。

该模式中各部分的功能和进展情况如下。

学生的创业能力培养。在主体方面，由“创业培训”到“创业孵化”，循序渐进；从企业家意识到企业家能力的不断增强，受惠的大学生人数由小到大。目前，广科院已在其经管类专业 4700 名学生中，开设了创业技能、创业启动、创业营销、创业融资和社会创业五门必修课，并将其作为创新与创业素质模块纳入新的教学计划。该模块主要是利用实训室中的“创业仿真”和“公司运营与管理仿真”两种方式来完成的，该模块主要是对学员进行创业能力的培训。学生以团队的形式，在学校的一条街上建立了一个微型的创业园区。在小型创业园模拟中，在创业课程和创业模拟实训之后，学生可以进行真实的创业实践。小型创业园仿照“格子店”的运作方式，利用 60 平米的空间，将 250 间小型店铺，让同学们集体经历不同的商务活动，培养他们的客户意识，团队协作，市场沟通能力，以及在运作中培养他们的企业家意识和创业意识。创业孵化环节为最高级阶段，主要是挑选几个有创业潜力的同学，挑选出有市场前景、有优秀团队的同学，让他们进入孵化园区（占地 160 平米）。孵化器与孵化园：免费办公设备、公共秘书服务、创业政策咨询、商业化指导和市场支持、示范雇佣合同、登记和税务咨询，以及对外投资的联络和信息。一旦达到收支平衡，就可以退出孵化器。

②建立企业创业培训支持系统。在辅助性体制中，创业大赛是在每个学期举办一次的，它可以起到塑造校园创业气氛的效果，让学生的创业精神和创业意识得到加强，同时也可以对参赛学生的创业能力进行培训。此外，本课程亦设有“创业指导”课程，并设有“导师”，协助学员提升创业能力。每个星期都会举行一次创业论坛，让同学们就经营管理方面的问题、商业项目、创业理念等问题展开讨论，同时也可以在学校里形成一种创业气氛，提高同学们的创业能力，提高他们的创业意识。

③企业家精神的实证分析。对高职学生进行创业学习，是高职学生创业学习的重要内容。与其他任何一门课程相同，科研是教育的根本，它不仅能给教育带来新的知识，也能给教育带来新的途径。创业与创新教育的研究工作，主要依靠的是学校的有关组

织和人员，他们可以对创业活动与创业教育的规律进行探索，从而得到有意义的理论结果。

7.“分阶段，多层次”的广州城市职业学院创业教育模式

所谓“分阶段”，就是按照创业人才培训的目的，由浅到深、由低到高的教学方式；“多层次”的教学，则是以学生的兴趣程度和参与程度为依据，采用有针对性和大众化的教学方式。分阶段多层次的创业教学可以划分为三个阶段，即创业观念的引入、创业模拟的演练和创业实践。

（1）创业观念的形成和发展。

这一时期强调的是全民覆盖，面向所有的学员，是一种大众创业教育。在这个时期，可以以活动开展的地区为依据，将其划分为两种类型：课堂中的创业教育和课外的创业教育：①课堂中的创业教育，也就是教学做合一的创业活动。该阶段要求有专人指导、设置一定的学习要求、把创业行为融入到专业课中，是对大学生进行基本的创业教育。这一时期的创业培训可以达到全校100%的学员。②在SELM中开展“二次课堂”的创业教学，即“二次课堂”。这样的活动可以让学生的课余时间得到更好的利用，从而提升了他们的学习效率，是一种对学生创业意识进行的课外基本训练。这一层次的创业课程能够涵盖本学科90%左右的学员。

（2）创业模拟演练阶段。

在这一时期，重点放在了对创业感兴趣的一部分学生身上，重点放在了学习创业过程和培育创业团队上，这是一种有针对性的创业教育。首先，搭建大学生创新创业的发展舞台；本阶段为参与创业的同学们提供了一个交流的平台。在此基础上，可以得到专门的老师们的辅导，并可以进行项目分享、培训和孵化。其次，在“虚拟企业”的实践过程中，主要是通过有兴趣的学员和教师的共同引导，来发现和发展企业中的各种机遇，进而完成企业的价值创造。这一期主要是对学员进行创业策划、创业团队建设和创业融资等方面的能力训练，该课程涵盖了本专业近50%的学员。

（3）创业实践阶段。

此期侧重对对创业感兴趣和有能力的人，是一次有目标的创业训练。在这个阶段，要将校企合作的优势发挥到最大，邀请企业家、高层管理人员，将企业的真实创业项目引入进来，或者在企业的扶持和资助下，挖掘创业机会，展开创业活动。在此过程中，除可提高优秀学生所需的领导能力、全球化的眼光、敏锐的市场意识、务实的作风、锲而不舍的精神、组织运作能力和为人处世的技巧外，还可提高其商业谈判技巧、市场评估与预测、启动资金募集方式等，并使其具备关于金融、财务、人事、市场、法规等方面的基础知识。这是一个培养学生创业意识、创业思维、创业技能的阶段，

其创业教育可以覆盖到专业大约10%的学生。

8. 以“创新创业教育中心”为助推的中山职业技术学院创业教育模式

创新创业教育学院注重创业核心技能的培育，在学校建立了创业策划工作室、创业申报工作室、创业管理工作室、1000平方米的大学生创业园、500平方米的创业教育实验基地、500平方米的创业教育实验基地，以及一系列的创业实践基地，包括中山市大学生创业孵化基地，包括13000平方米的“中山市大学生创业孵化基地”，并通过了“广东省大学生创业训练基地”的认证，为大学生创业技能的提高奠定了良好的基础。中山高职院校在这一理念的指导下，发展出一套富有特色、卓有成效的创业人才培养体系。

（1）人才培养的目的。

创业教育的目标可分为三个层面：一是创业意识的教育，这是一种具有普及性的大众创业教育，让学生对创业有更多的了解；第二个层面是以创业通识教学为目的的，它是对创业知识的初步普及和对创业与创新的素质的培养；第三个层次是以创业为目的的高职创业教育，主要是为了充实企业的知识，提升企业的基本技能，培养企业的经营管理人才。

（2）制定创业教育与教学计划，对创业教育与管理模式进行改革。

通过对传统的教学与管理方式的变革，对高职院校的学生进行创新，对高职院校的学生进行创业教育。建立一个开放式的学籍管理体制，在创业教育中，探讨实行弹性学分制，让创业学生开展“创业工学交替”，并将其分期毕业。

（3）选择适合本地区协调发展的创业教育的教学内容；

在选择创业教育的课程设置和教学内容时，组建了一个由本土创业企业家组成的课程教学指导委员会，结合社会需求和学生的实际情况，遵循职业教育中“校企合作，工学结合”的人才培养思想，基于行动导向体系的教学思路，以创业全过程为主线，将课程内容划分为“选业（企业创建策划）+开业（企业申办登记）+守业（初创企业管理）”三大项目。课程注重充分发挥行业、企业及学生参与课程的积极性，实现了显性课程与隐形课程的结合，学科课程、活动课程与实践课程之间的互动，严格落实“做、学、教、考一体化”的教学模式，构建出“知识、实训、实战、拓展、评估”五位一体的创业课程教学体系。

（4）对创业教育和教学进行弹性组织，改变传统的单一的教学方式。

在课程设置上，高职院校的创业教育可以采取“创业意识教育”“创业通识教育”“创业专业教育”的一体化模式；在课程类型上，高职院校的创业教育可以采用必修、选修、任选三种形式；在课程水平上，高职院校的创业教育可以实行基础、中级、高级三个层次的一体化；在教学方式上，可以采取“学生主体性”与“教师主体性”的有机结合的方式。

（5）完善创业教育的评估方式，完善创业教育的评估机制。

创业教育的考试与考核注重理论与实际相结合，将笔试与口试相结合，将学生、教师和企业的评价相结合，以调研报告和创业计划书、创业实训实践等为主要考核内容。职业院校的创业教育评估是一种“PDCA 循环”，即“规划、实施、考核、处置”。

（6）保障制度。

通过构建“双师结构”的创业教育教师队伍，强化创业教育的教师队伍；为大学生提供创业所需的教育和教学经费，并为其提供多渠道的创业资金；建立学校和企业的创业培训基地，为学生提供创业咨询和服务的平台；创造一个良好的创业教育环境，等等。

9. 浙江经贸职业技术学院“2+1”创业教育实践模式

“2+1”创业教育模式，就是面向全体一、二年级学生，通过渗透和相结合的方法，把专业知识和创业知识结合起来，把创业意识和创业素养的培养作为主要的教学目的；建立一个特别的创业学院，将大三年级中有创业意向且有创业能力的学生吸纳进来，采取一种以培养自主创业者为教学目的的专业型创业教育模式。其主要措施包括以下两方面。

（1）普及型创业教育。

这种方法并不一定要对现行的课程体系进行破坏，而是将创业教育要素加入到已开的专业课程当中，可以设置一些与创业精神、创业实务相关的必修课或选修课，以此来对大学生进行创业意识的培育，从而提升他们的创业素养。首先是人才培育的目的，即创业的创业精神的培育和创业的素质的提升。其次，构建了一套包含了创业教学内容的教学系统，主要有两种教学方式，一种是结合专业课教学，另一种是单独教学。第三，进行创业实践教学，比如：让学生们参加市场调查、社会调研等活动，并经常邀请社会上有经验的创业家、企业家以及有关方面的政府人员到校园里来进行演讲，举办创业比赛，创建一个虚拟的公司，创建一个校内的创业实训室和校外的大学生创业实习基地等。四是评估。要注重过程性评价，多元化评价等。

（2）专业型创业教育。

在这一时期，企业的创业教学以实践性教学为主体，以理论性教学为补充。第一，是培训的目的，即培训独立创业者。第二是对创业教育的教学模式进行了调整，提出了创业理念、创业素质、创业知识、创业过程、创业经营等五大类教学模式。第三是企业的创业实习，具体包括组建团队，进行市场调研，对项目进行分析，对项目进行过程指导，对项目进行评估。具体实施方式为：虚拟创业（教室模拟，在线创业）和创业实战（在线创业，线下创业）。第四是师资队伍的建设，主要是培养全职、兼职的师资队伍。第五是考核制度的构建，要努力将考核与成果考核有机融合、实施灵活的积分制度、构建企业的创业追踪制度等。

10. 有效融入 KAB 课程的常州工程职业技术学院创业教育模式

KAB是英文Know About Business的缩写，是基于"面向创新和创业"的时代需求，由国家和社会两个层面联合发起的一项面向社会、面向未来的"面向年轻人的创业"计划。该项目的目的在于揭示创业的普遍规则，传授创业的理论和方法，并在此基础上培育创业精神，包括创业精神、风险意识、团队精神和奉献精神，并让他们具有未来工作中需要的知识、技能和特质。课程遵循"什么是企业""创业人的特质""怎样变成创业者""怎样产生一个好的企业想法""怎样组建和运营一家企业""怎样做好商业计划书"的知识体系，对企业、创业等职场要素展开了详细的剖析和介绍，利用心理评估和团队游戏等方式，让学生对创业者的基本特点和所需要的素质有更深的认识，让他们对创业这一从产生创业想法、写出创业计划书、组建一个企业直到运营的企业发展、运作的基本过程有一个清晰的认识。相对于传统的创业教育，KAB项目的教学系统和完善，在教学方式上更注重互动和参与性，并将其与成年人的学习特征相融合，采用角色扮演、头脑风暴、商业模拟游戏、创业人物访谈、小组游戏、纸笔练习、小组完成项目、案例讨论等教学方式，让学生在一个开放的、愉悦的学习氛围中自己发现问题，自己解决问题，在"学中做"中"做中学"，从而提高学生的沟通能力和团队合作能力。在这门课程的执行中，我们的教学一直都是以三个目的为中心进行的：第一，我们要提高学生的创业观念，让他们从一个新的角度去理解和理解创业的含义，并将其视为一种可行的职业抉择，从而让他们在作出自己的决定时，能够理智地进行；其次，通过对企业经营活动的理论分析，使学员熟悉企业经营活动的一般规则与流程，并在实践中获得一些基本的经营技巧，从而加深对企业经营活动的认识；第三，让他们了解并提升他们在创业选择中所拥有的企业家精神以及他们所需要具备的一些关键的职业品质，比如沟通能力、团队合作能力、创新能力、项目管理能力等，从而让他们在毕业后的工作环境中获得更好的工作环境。

（四）我国职业院校创新创业教育的阻滞性因素

虽然职业院校在这十多年来的发展中，已经形成了一套独具特色的创业教育模式，并在实践中积累了丰富的经验。但是，我们必须认识到，目前我国的职业创业教育仍处于起步阶段。从整体上来看，与普通职业院校的创业教育和国外的创业教育相比，我国的职业院校的创业教育情况不容乐观，同时也存在着某些阻碍因素。这具体表现在以下几方面。

1. 环境层面：缺乏氛围，重视不足

借鉴国外创业教育先进国家的成功经验，我们认为只有在全社会营造一种良好的创业环境，才能使创业教育向纵深发展。以美国为例，它提倡创业，容忍失败，并已初步建立起一套社会创业教育体系。但是，在我们国家，因为长期受到儒家文化的熏陶，人民以淳朴、朴实而著称，因此，他们在创业这一具有相当高风险的行为中，表现出了较低的积极性，更没有受到足够的重视。当前，我国的创业教育以政府推动为主，但其推动效果并不明显。所以，从整体上来说，我们的创业教育还没有形成一个良好的社会环境。

2. 理念层面：认识不清，理论滞后

尽管创业教育被提出已久，但仍有许多人对其认识模糊，理论滞后。一些人认为，创业者占了很小的比例，而就业人员占了绝大多数，因此，创业教育是徒劳的；有人说，就业难，创业更难；也有人认为，创业教育只是为了减轻就业压力，“临时抱佛脚”，并不是真的要实现创业。其实，创业不仅仅是一种行为，而是一种觉悟，一种观念。然而，由于大部分职业院校领导对此还不够重视，使得大部分职业院校的创业教育都是“小打小闹”的，并未真正融入到学校的核心教学系统中去。

3. 方法层面：手段单一，形式僵化

目前，我国的教育制度改革正处于持续深入的过程中，而传统的教育方式对具体的教育与教学活动仍有很大的影响。在创业教育中，教师对学生的影响较大。大部分的老师仍然以课堂上的授课为主要内容，不能以学生的兴趣、爱好等具体问题具体分析，也不能灵活地处理各种突发事件，与此同时，他们与学生之间的交流和沟通也很少，这就导致了学生学习的积极性和主动性下降。即便是一些老师采用了案例式、交互式等教学方式，但他们更多的还是灌输而不是体验，束缚而不是释放。因此，他们放开了对职业创业教育的现状和发展的应对措施，这就造成了创业教育的成效不大。

4. 条件层面：师资短缺，设施不足

做一件事，必须要有条件，才能成功。要使离职创业培训真正发挥作用，还需要有与之相适应的教师与设备。创业教育具有创新性和实践性的特点，这就对创业教育的师资提出了更高的要求。但是，在现实中，大部分高职高专学生在创业教育方面的教学，仍然是以“就业指导”“经济管理”和“思想政治教育”为主，缺少一支专门从事创业教育的教师队伍。他们中有些人对创业教育还缺乏了解，缺乏实践经验。创业教育的目的就是要培养能够从事一般工作和一定程度的开拓性创业活动的劳动者，因此，不能只停留在“纸上谈兵”和“浅尝辄止”上。为更深层次地开展创业实习，需要为其提供必要的条件与平台。但是，由于观念、场地、资金和人员等方面的原因，很多职业院校在创业教育方面存在着较大的投资缺口，造成了“空中楼阁”的尴尬局面。

5. 评价层面：忽略反馈，标准不明

要使创业教育持续改进，就必须对其做出恰当合理的评估。只有对其进行适当、合理的评价，才能让我们对创业教育所取得的成效有一个准确的认识，才能让我们更快地找到创业教育中的问题所在，让我们的创业教育的质量得到提升。与此同时，还可以通过评价，对那些表现出色的老师和学生进行奖励，这对于提升师生们参加创业教育的积极性有很大的帮助，进而推动了创业教育的发展。然而，大部分的职业院校却忽视了评估反馈这个关键环节。一些学校对教师的教学质量存在较大的偏爱。目前，我国高校在开展创业教育时，存在着考核指标不明确、考核内容笼统等问题，从而影响了高校在创业教育中的作用。

二、我国台湾职业院校的创新创业教育现状与比较

根据加拿大法沙尔协会发布的《世界经济自由2011年度报告》，台湾的商务自由度位居全球26位、亚太地区第六位；建立一项业务所需时间仅为48天，已趋近国际平均水平。另外，在2002年，英国洛桑管理学研究所发布的一份报告显示，中国台湾的创业环境在世界上排名13位。以上各项资料均表明，台湾地区的创业教育具有良好的发展环境。

（一）台湾地区创新创业教育发展的动力

中国台湾在20世纪中叶开始了创业教育，其产生的原因主要有两个：一是由于经济发展所引起的产业、就业等方面的改变；二是就业人口呈年轻化趋势，创业意愿增强；自20世纪五十年代起，台湾工业经历了将近五十年的高速发展，以知识型、技术型高技术工业为主，而中小型企业则是其中的主要力量。随着工业环境的不断发展，台湾的工业结构也在逐步改变，很多传统工业由于缺乏足够的技术和人才，很难

在激烈的工业社会中生存下来，转而为高技术和高增值工业所替代。台湾地区由于经济转型，传统工作岗位逐渐萎缩，作为高新技术行业主力的中小型企业，在整个台湾工业中所占的比重愈来愈大，已成了吸引人才的一个主要部门。台湾青年指导委员会2004年的创业倾向研究发现，百分之七十以上的被调查者已经或有创业意向，而年轻人尤其是初入社会的年轻大学生，更有强烈的创业意愿。这就促使台湾大力推行创业教育，并把高校当作创业教育发展和变革的一个主要切入点。

台湾区域内的经济结构转型，促使了创业教育的兴起，而台湾区域内的职业教育，在数十年的摸索和实践中，也已经成为区域内经济增长的重要驱动力。

（二）台湾地区职业院校创新创业教育的经验

台湾（职业）技术教育的发展较为规范和成熟，不管是公、私院校，经过20至30年的发展，从技术专科到技术学院，都已发展出严密的内部人才培养质素监督制度与机制。台湾的创业教育亦是如此，纵观台湾职业院校的创业教育，大致可归纳为以下几方面。

1. 强调学生团队学习与实践

组建创业团队进行学习和实践活动，符合“做中学”和“学中做”的现代职业教育的基本要求，特别是“协作学习”的教学思想，为我国内地的创业教育提供了很好的参考。“团队”一词源于英文“Team”，最早由罗宾斯于1997年引入“工作小组”这一概念。在教育领域，小组学习又被称作“协作学习”，这是一种由来已久的教育理念与做法，早在1世纪，罗马的昆体良学派，就提出了“互相指导，互相帮助”的观点。当前，随着高校创业教育的不断深入，如何通过群体学习提高学生的创业能力已成为学生面临的一大挑战。由于许多学者认为，创业是一种行动导向的行为，人们需要在模仿、实验、问题解决、试错等真实经历中学会创业，但创业并非是一个人的事情，因此，进行创业实践的最佳方式就是团队学习。在国外，很多高职学院的团队创业学园，都是让学生自己成立公司，自己动手操作，让他们经历成功和失败，从而获得宝贵的创业经验。在创业学习园，学员在指导教师指导下开展了多种形式的创业实习。在亲自经历的过程中，同学们能够加深对创业、企业经营管理等方面的知识和技能的了解。将这些知识和技能内化到他们的内心，这样就可以有效地实现创业教育的目标，并得到了社会的认可。

团体学习是实施创业实习的主要方式，也是实施有效创业教学之根本，而团体实习更是台湾目前创业教学中最具特色之地方。台湾多所职业学校的创业课，有相当一部分是以团体为单位来授课，使学员可以深度参与，互相补充，而同一团体的学员，也可以有更多的团体协作的机会，并由此衍生出未来创业团体的雏形。例如，台湾大学的创新创业班，就会在半个月一次的创新沙龙中，聚集在此班上的同学，透过团体的社区学习，将不同系、不同专业的同学，以创业社区为中心，形成多样化的人际交往。台东大学“新世纪网路创新与创业”课程，以五至六人为一组，并在老师的指导下，设计出多个网路创意增值计画，以提高小组的创意及活动策划技巧。同时，也希望能够提出一些有前瞻和创新的方案，供今后有关网站的发展参考。在本课程之评量中，团队之表现（包括团队介绍、主题确认、团队协作及互动）所占分数较高。台湾大学跨院系技术创业管理专业的“创业专题”，亦需要同学们在六个月的课程中，以创业团体的形式，尝试“创业”的运作方式和过程。一名技术创新者或有意创业者，在掌握了如何创业的关键步骤后，该怎样将自己的想法付诸实施，进而制订创业战略，准备创业计划，争取资源，解决创业中出现的问题，并高效地确定出创业的步骤。在此过程中，对创业团队成员的技术实践、商业实践和管理经验的多样性提出了更高的要求，以确保团队的多样性，并为未来的创业做好充分的准备。

2. 注重实践性和应用性，强调资源整合

台湾职业院校十分重视对其进行资源的整合和使用，从而建立起一个“政府 - 职业院校 - 社区 - 企业”之间的良好互动关系，使其能够对社会中各种类型的创业资源进行有效的挖掘和融合。由于创业教育对台湾区域的经济发展起到了某种作用，因此，各个政府部门都非常重视它，从各个角度给予它的扶持和投资，并制定一套规划和项目来进行它的推行。以“青年创业教育育成计划”为中心，通过对创业基本技能的授课、创业竞赛、校园创业社团、网络信息平台等方面的内容进行了综合，构成了一个较为完善的创业教育体系，但是由于受到了预算资金的制约，目前的运营规模并不大。由台湾政府青辅会、教育部、经济部、劳委会等部门联合举办的“台湾青年人才开发研讨会”，专门以“年轻人创业力量”作为议题议题，各界学者及专业人士更对“从大学入手”的创业力量提供支援，并提供诸多意见及实施方向。

在国家政策的扶持和激励下，很多中小型企业也积极参加了创业教育。台湾也已启动对中小型企业进行创业培育，不少高校纷纷设立创业培育中心，有些甚至引入了私人或团体等机构的资金。他们与中小型企业结成伙伴关系，由这些企业为他们提供实习及工作岗位，旨在透过高校与行业之间的协作，拉近行业对人才的需要与校内培养出的人才之间的鸿沟，帮助他们从校内过渡到工作岗位。而且，这个孵化中心不但可以招收学员，还可以培养学员。以逢甲大学为例，引进台湾雨伞公司到学校的创意培育中心，以此为基础，为学员提供创业实践的机会；而在修习了创业课程后，成绩优秀的学员，也可以得到在雨伞公司实习的资格，进一步增强学员在工作上的竞争能力。逢甲大学亦成立创新实验室，为同学们提供各种专业技术、资源及协助，让同学们把自己的想法或创造，转化为商品。藉此，工业人才得以有体系地走进学校，把实践知识传授于学员，并在“产、学、研”课程的开发上，取得了卓有成效的成果。创业教育注重的是实践方面的知识，通过这种产学合作的模式，不但可以让学生们更好地与社会实践场所进行互动，还可以为学校的声誉、资源获得，比如创造更多的合作的机会，以及促进创业教育的发展，提供更多的帮助。同时，行业也可以获得更多的创意和创新的思考方向，并帮助企业进行运营。因此，台湾高等职业学校在开展创业教学时，十分重视与企业界及创业社团的协作，并将产学结合的优点加以利用。通过政府和社会的赞助，不管是在制度上还是在资金上的扶持和鼓励，都可以帮助促进创业教育的发展并形成一个良好的创业环境。并且，政府、学校和社会资源的整合，让育成中心可以在知识管理、智财加和资源整合三个领域，为孩子们提供更加多样化的服务，并朝着孩子们的精英化、专业化、国际化和外部服务化的发展趋势发展。

此外，也有许多非政府组织通过比赛的形式培养年轻人的创业能力。比如由研华文化教育基金会主办的TIC创业竞赛、由台湾工行主办的Wewin创业竞赛、时代基金主办的YEF等活动，都为创业人士提供了丰厚的创业资金和奖励，以激励他们去追求自己的理想。

台湾企业创业教育的整体性效果，不但表现在企业与社会之间的资源整合，也表现在一些企业自身的整体性上。台湾的一些职业学校，以其专业资源的互补性和地理位置的接近为基础，开展了跨校的创业项目。例如，高雄海洋科技大学、高苑科技大学和台南科技大学，三所大学联合开办了三所大学间的“创新创业学程”，目的是将各所大学所拥有的专业知识，整合起来，开发出对当代学生有吸引力的创新项目。三所专科学校，各有其专长，台南理工大学的专长是商品设计、美术及商业运作；高苑理工大学的专长是工业群组；高雄海事大学的专长是营运管理，三所学校的运作管理，构成上、中、下三个层面的供应链运作。在此基础上，台南理工大学将为主要研究对象，高苑理工大学将以此为基础研究对象，而高雄海洋理工大学将以运筹学和管理学为主要方向，台南理工大学将以商务类专业为辅助研究对象，三所学校的学科优势互补，可有效提升创业教育系统的整体教学效果。以此为基础，通过三所大学的学科优势互补，可有效提升创业教育系统的整体教学效能。在这次的“创新与创业”活动中，三所学校按照各自的专业，为三所大学的学生提供相应的课程，让三所大学的学生可以在两所大学之间学习，并且学分是互相认可的，三校还为他们提供了一个网上的学习平台，让他们能够在不同的时空中，进行讨论、交流和共享。三所高职学院分别位于台南、高雄两地，两地均有各自的特点，通过三间职业学校的资源共享，不但可以拓展同学的视野，提升他们的创业精神，更可以联结两个大城市未来发展所需要的创意人才，更能为三所大学的毕业生提供良好的就业环境。

3. 强调创意启发、创业精神及创业能力的养成

正确工作态度及伦理观念的建立，在兼顾科学技术学习及人文陶冶方面特色鲜明。这一特征在各类职业院校设置的创业教育专业中得到了充分的体现。譬如台湾大学的“创新与创业学程”，以跨界学习、观念创新及经验学习为宗旨，旨在培育能够把学习与人生融为一体的创造性人才。高雄应用科技大学的创业课程，将商学院与工学院的教师们联合起来，培养学生的创新能力与创业精神，让他们有机会在产业理念与企业管理上进行创新思维，同时培养他们的技术与运营能力，让他们在将来的工作中，或是在企业中，培养他们的创业能力。台南应用科技大学的“21 世纪文化创新与创业管理系”课程，其目标是搭建一个跨学科的教育与教育平台，使学员具备跨学科、多样化的创新与创业技能，以及参与国际与国内的创业比赛。台湾辅仁学院的“创意与创业”课程，以文化创意课程为目标，以“辅仁学院”的特点，以“文化创意”课程为“种子”，加以培养。逢甲大学的创业课程，旨在“教育大学生如何规划自己的人生，特别是对那些想要创业的学生，要帮助他们掌握必要的创业知识，树立正确的价值观和判断，加强表达能力和能力，加深荣誉感和成就感，从而培养出一批有创意、有创造、有创业能力的优秀人才。”台湾铭传大学专为台湾硕士研究生而设的“创业与工作”课程，以加强毕业生的工作与工作技能为出发点，教导他们如何经营公司，同时也为他们带来全面的职业生涯经验。台东大学“创意与研究中心”强调将学生在学习期间所获之专长，将想法转换成业界所需之发展，进而发展出全新之商业与增值业务，并与该平台共同探讨，希望藉由年轻学生之想法，来设计出更多全新之互动方式。台湾宜兰大学之“创意课程”主要以“防灾科技、数字文化、休闲产业与产品健康”为主，藉由创意课程，让同学有更多的进修机会，进而扩大同学的进修范围，提升同学的职场竞争能力。

在台湾地区的职业教育中，创业教育的内容非常全面，基本上覆盖了创业过程中的所有环节，将创业教育中的准备、过程和实践等环节结合在一起，形成了一个系统的教学过程，并注意运用各种教学方法，如理论教学、案例分析、市场研究、创业比赛等，让不同的课程相互补充，最终形成了一个完美的学习过程。许多职业学校，也可以利用各院系的特长，开设跨院系的“创业课程”，例如台湾大学、淡江大学、台湾工大等等。台湾大学跨院系“科技创业与管理”，将工、管、电三系之专才，结合管理与工程之知识与创意，让工程师掌握管理技巧，管理人员更懂得如何有效、有策略、有智慧地使用技术。

总体而言，台湾地区职业创业教育的课程结构较为完备，包含了有关创业的学程、相关的专业课程以及有关创业的培训等内容；同时，通过案例研究、讲座报告、模拟比赛、创业比赛、实践经验、市场调研、企业访问等多种形式的教学方式；建立了高校和企业之间连接“最后一公里”的实训体系，并建立了创业孵化中心。台湾也十分重视创业教育，首先推行“环球专业实习先行计划”，并协助高职学校开办创意就业课程。由Global-TIC与职业院校规划共同架构，由各校展开创业教育的新模式，它将各种资源进行整合，为学生提供既有理论又有实践，而且更具结构的创业课程，这是一种新型的创业教育模式。

（三）台湾职业院校与内地职业院校创新创业教育的比较

台湾与大陆是一家人，血缘关系密切，在创业教育上也有许多共同点，但是，自近现代起，因为历史与现实的关系，两岸的社会制度、思想观念以及教育方式都有许多差异。在创业教育的管理体制、发展程度等方面也是一样，将两者进行对比，可以更好地进行交流与合作，取长补短，为中国培养出更多的创新创业型人才。

1. 两岸创新创业教育的相同之处

以台湾逢甲大学为例，在此基础上，分别设立了四个不同的实习情境。一是同学们的创业经历。为促进大学生在创业实践中实现理论联系实际、实践经验的培养，学校专门成立了“大学生创业基金”，对“创业入门”类的大学生给予资助，从个体独立到群体协作，逐步培养大学生的创业经验。二是创造性的实践空间。学校设立了“创意教学与创业实习商店”，让这个地方变成了学生和学生多种创意开发和研究结果的展示场所，同时还具备了教师和学生参加逢甲特色礼品开发、提供学生创业实习、开发特色商品、举办创意比赛、提供产品开发与规划、橱窗展示、广告和促销、财务管理和店铺的总体管理等功能。三是对学校外部的教育资源进行有效的集成。雇用一位创业咨询员为本课程讲授。四是由“创业社”“志工团”等由大学生团体和义工团体组成的创业团体，以创造性的方式整合资源、分工协作、有序运营，并在此过程中体会到企业家的社会责任感。在大陆的许多创业模型中，都非常重视通过模拟的实习方法来训练大学生的创业能力。

2. 两岸创新创业教育的不同之处

（1）创新创业教育的社会经济环境不同。

在由台湾青辅会、教育部、经济部、劳委会等部门联合主办的台湾青年人力资源发展研讨会上，青年创业力的培养被作为研讨会的议题之一。与会的专家学者们也纷纷表示，要从校园入手，大力支持大学生创业力的培养，并给出了诸多的建议与实施方向。对当前大学生创业力的教育政策进行了剖析：一方面，应该降低政策性贷款的利率，放松贷款的条件；另一方面，拥有统一的外部权力的政府实施部门，应该少组织资源的重新配置，制定具有原则性的、方向性的创业教育政策，通过法律上的放松或奖励性的规定，来鼓励个人或学校帮助年轻人学习创业的知识，把与创业教育有关的资金集中使用，同时，政府应该更加积极地为年轻人创造一个良好的社会环境。除了从创业教育中提供对创业意识的启发和知能学习的功能之外，更应该在整个社会经济体系中，营造出一个健全的创业文化氛围，在学校内外，形成一个密切的合作联系网络，只有这样，青年才可以提升自己的创业兴趣，进而敢于创业。并且，在实现创业社会的目标时，其社会资源支援系统比政府机构和学校更优先。据此，研究认为，政府在制订有关创业教育的政策时，可优先考虑以社会资源为诱因或以规管的方式来进行。

在大陆，创业教育受到的关注多为政府和学校，而没有得到足够的关注，在创业教育方面缺乏必要的帮助和配合。

（2）台湾创新创业教育的课程体系更加成熟完善。

目前，在台湾地区已有 73 间以上高校提供有关创业的课程，而台湾大学的“创新创业课程”则包含 9 个科目，21 个学分，分为主修、延修、进阶三大类，以实践教学为主。台湾铭传大学所开设的“创业及就业学程”，包含创业管理、职业生涯、数码创意、企业资源规划等多个学科，以及一套完整的职业生涯前期经验传授。

国内的类似学校，虽然也开设了部分创业课程，但其课程体系尚不健全，与专业的融合程度不够，在教材的开发、教学方式、教学手段等方面，都存在着许多需要改进的地方。

（3）创新创业教育的目的不同。

台湾的创新创业教育十分注重学生的“创意”与“发展”的能力的训练，透过项目筛选、教师讲授、实践者讲解、小组讨论与实践、专家评比等方式，使学生能够提出有创意且切实可行的想法，而缺乏创意的创业计划，则会在创业教育的评估中被直接剔除。让学生在围绕项目的教学中，不仅学习了创业理论知识，还参与了创业实践，从而提高了学生的创新性思维。例如台湾大学的“创意创业学程”，将创意与创业精神融合在一起，为已经接受过专门知识培训的同学，提供一个学习有关不同类型的课程，并在此基础上进行创作实践，藉此提高他们的创作与创作能力。台湾的创业教育，以实际行动来证明，以“育人”为基本目标，并以此为主要方式，以提升全体学员的创造力、竞争力及整体素质为主要目标，并以此为培养载体。

在大陆的创业教育中，更多的是一种功利的价值观。把大学生创业教育比作创业者的速成班，把大学生创业活动比作创建“大学生创业公司”、培育“学生老板”，在高校中的实践意义不言而喻。显然，这类快速的、功利的教育方式已经不能适应社会对高质量、高水平、创新型的需要。其次，我国高校大学生创新创业教育功能定位不够科学。目前，一些职业院校的创新创业教育职能都是由学生工作部门来承担，而另一些职业院校则是由教务部门来承担，这就造成了现实的结果，要么是管理了学生实践活动，但不能带动教学活动，要么是管理了教学活动，但不能带动学生实践活动。

（4）教学方式的不同。

台湾的创业教育主要是以互动教学为主，更多的是个案教学，这对于提高学生的实际问题解决能力是非常有益的。老师们在上课时，会鼓励同学们自己提出问题，同时也常常会向同学们提出一些基本的问题，以使同学们能够更好地了解和记住关键的知识点。老师通常会把整个班级的同学分成几个小组，这些小组可以由学生自由地组成，也可以由老师按照特定的顺序来指定，老师通常会给学生布置一些课后的小的创业案例，让他们在课后进行小组讨论，并在下次上课的时候进行小组报告。老师们通常都会与一些优秀的企业联系，并带着学生们到这些企业进行现场考察，让学生们对所学到的知识在实际工作中能够得到怎样的应用，会有怎样的效果。

内地的职业教育，仍是一位教授，所有人都在听，很少有互动，课后作业主要是提交书面报告。在教学过程中，学生的互动、参与程度较低，在教学过程中，学生并未真正成为教学的主体。

（5）师资队伍不同带来的教学风气不同。

台湾的创业教育老师，大多具有欧美文凭，或在欧美职业学校进修过，在这种环境下，英美式的教学方式，以英语为主要教学方式，许多课程都是用英文讲授，汉语只是辅助性的，而且汉语发音不标准，甚至难以理解；内地职业学校的老师，很少有海外文凭，出国进修过的更是凤毛麟角，相对而言，他们的教学方式是相当保守的。在台湾的创业教育中，老师和学生的关系是很宽松、很平等的，老师和学生的关系是既像老师又像朋友，他们聊天时没有任何障碍，还常常彼此打趣，还会拨出一笔特别的钱，让大家经常聚在一起。在内地，师生之间的关系虽然也很平等，但并不算太过密切，因为在传统的师道、尊严等教育理念中，教师与学生之间的关系显得比较严肃、僵硬。另外，由于台湾大学的创业教育模式，将学校内、外的理论课及实践课老师进行整合，因此，他们的角色也随之改变，由单纯的讲课，变成一个组织及评判，由另一位实践课的客座老师，担当一部分讲课的任务，并对学生的想法的可行性进行评判。

第三节　我国职业院校创新创业教育的启示与发展

一、我国职业院校创新创业教育的启示

在欧美等国家，创新创业教育受到高度关注，其发展与实践已经相当成熟，并且已经形成了一定的规模，而在此基础上，国内外学者也已经实现了从质的到量的转变。与我国相比，美国、英国、澳大利亚等国的创新创业教育已有数十年的发展历程。他们将创业过程作为其中心内容，建立起一个由里到外的完善的教育课程体系与传授创业相关技能的教学模式，从而培养出一大批具有首创观念、冒险精神、创业意识与工作的自立能力等创造性的开创性人才。在发达国家，创新创业教育已经表现出了从生存型到发展型的承接，从阶段性教育延伸到终身教育，从经济领域向文化领域拓展，从宏观内容向精细内容转变等特征。他们从对创业的科学认知出发，促进经济发展、科技进步与社会创业的发展，凸显出了社会公益的特点。

在过去的数十年中，在西方国家中，已经形成了一套完整的、形式多样的高职教育体系，其中包括了以全日制课程模式为主的正规学位型职业教育，以及以短期特殊培训课程模式为辅的非正规学位型职业教育。从世界各国职业教育的发展来看，可以得到如下几点启示。

（一）社会经济和科技的不断进步是职业教育发展的直接动因

20世纪60、70年代，随着全球经济发达地区的产业结构调整、生产方式转变和新的管理体制的引入，生产一线急需大量知识渊博、专业技能精湛的高素质、高水平的专业技术人才，这与一般高校的培养目标存在很大差距。因此，世界上许多国家和地区都对职业教育的发展提出了强烈的要求，并对职业教育的发展提出了更高的要求。

这就需要我们在制订高职教育模式的时候，要结合当前的社会、经济发展的实际情况，不断地跟上时代的步伐，从而确保高职教育模式的长期、可持续的发展。

（二）课程教学体系的灵活性和职业功能性是职业教育发展的重要保证

在我国，高职教育的课程与教学体制具有“弹性”“职业化”等特点。在发达国家，很多高职院校都开设了一些可以颁发高级文凭、证书或证书的课程，这些课程的内容非常宽泛，不仅重视学生的专业能力，还重视学生的基础知识和基本的职业技能。在课程设置上，非常注意提高课程的灵活性，将理论与实践相结合，扩大选修课的数目，同时还注意到了学生的个性发展以及对职业适应的要求，在课程内容上，非常注意与社会的需求相结合，始终将职业对技能和知识的实际需求作为课程内容的基础，同时还注意到了课程的职业功台旨性。

（三）课程体系实施方式的针对性和实效性是职业教育发展的基本特色

西方职业教育在实施过程中具有明确的目标，在实施过程中始终坚持理论与实践相结合，在教学方法上具有独特的应用性。课程的实施主要表现为：一是实行“三面向”，以社会为中心、以产业为中心、以经济中心；二是确保课程体系的完善，确保学生的就业需求。课程是教育内容的浓缩，是教育方式的核心，对教育方式的变革的重要体现。

（四）多样化的产学合作教育形式是职业教育发展的必经之路

在先进的高职教育中，采用多元化的合作办学模式，可以使校企双方在人力、物力、财力、实习场地等方面实现资源的共享，从而拉近了高等专业技术人才由理论走向实践的距离，加快了高等专业技术人才的培养速度。企业具备了物质、资金和实践的场地，但是缺乏的是知识和人才的支撑；但是，学校在进行教学和科研时，又需要财力、物力和实践场所的帮助。同时，科研成果也迫切需要投入应用，尤其是应用性科研成果，它必须要尽快地投入应用，才能发挥出真正的价值。以各种方式开展产学合作，发挥双方优势，达到一石二鸟，共同发展的目的。

通过分析国内外高职教育的发展历程，总结出高职教育的成功经验，提出了“产学合作”模式。在高职教育中，要解决实现创新，就必须正确处理好这一问题。

（五）实现办学层次适度高移是社会经济和科技进步对职业教育发展的必然要求

正确的人才配置是一个国家、一个民族的生存与发展的基本条件，也是一个民族、国家、宗教等民族文化共同特征。纵观世界主要国家的高职教育，其发展趋势是高职教育逐步向高层次延申。

从高职教育的起源与发展来看，高职教育始终伴随着社会、经济的发展而发生着改变与调整，提高高职教育的办学水平是当前我国高职教育发展的一条行之有效的途径。为此，在高职院校的人才培养模式中，必须适时地加以重视。

经过对比，我们了解到，在当今国际上，高职教育正在迅速发展的大格局下，我们可以从国外多元化的人才培养模式中，汲取有益的教训，并对高职创新创业教育的发展趋势进行正确的判断，这对我国高职创新创业教育的发展和改革将会有很大的帮助。

二、我国职业院校创新创业教育的发展

我国的创新创业教育发展经历了不同的阶段，每个阶段都有着不同的发展变化。

（一）提高创新创业素质的教育

要想提升学生的创新创业素养，就需要加强学生的创新意识与动手能力的培养。创造和创业是建立和发展企业文化的一个主要方式。中国职业创新创业教育从一开始就已经确定了以全体学员为中心的办学理念，以培养学生的创新意识、创新精神和创新技能为主要的办学宗旨。《创业教育试点工作座谈会纪要》指出："在知识经济条件下，要加强对大学生的创新意识与创造力的培养，要适应我国社会与经济转型对人才的要求"；"高校要在提升人才培养的质量和社会适应性的同时，更要注重对学生的创新意识、精神和能力的培养。"但是，在当前的职业教学中，受到了传统教学理念的制约，再加上学生的求职压力越来越大，使得职业院校的创新创业教学并没有把这一理念转化为理论的自觉，在教学中的确存在着一定的功利主义行为。有些职业学校想要培养出一批或大或小的"老板"，或者是另一个比尔·盖茨，这样的创业培训。将创业培训作为一种暂时的减轻工作压力的方法，尝试着为自己的上司打开了另外一片工作的战场。事实已经表明，这样急功近利的教学思想，只会让"大学生创业企业"一时兴起，一时风风火火，一时风声鹤唳，一时风起云涌，一时松懈，一时半会儿也不能保证创业教育的可持续发展。对"以创业带动就业"这一科学含义的片面认识，单纯地进行几次创业训练，更不可能培育出符合社会需求的创业型人才。教育部在《关于大力推进高等学校创新创业教育和大学生自主创业工作的意见》中，又一次提出了"注重学生创新精神、创业意识和创业技能的培育"，也是对上述问题的深刻认识。把"高质量的创新人才"当作主要的教育目的，把"创业精神"当作对"部分同学"

未来的“期待”。从只培育几个“大学生创业者”到培育所有的“有创业意识、有创业思维”的大学生。可以看出，自主创业终究是少数人，而让学生具备开创性精神和能力品质的培养更具普遍性，因为社会和企业都比较注重受聘者的创新精神、冒险精神、创业能力、独立工作能力及其他能力。这对于职业院校学生的创新创业培养具有十分重要的现实意义。也就是这个新的发展方向，促使中国职业人才培养又一次进入了一个更为合理、更为稳定的发展阶段。

目前，学术界广泛关注的是，目前，在我们的职业教育中，大学生创新精神不足，创新能力偏低，创业意愿不足，创业规模偏小，以生存型创业为主，知识型创业较少。在西方的创业教育中，对价值观的研究并不多，一是因为在人文的总体教育观下，每个人的思想都被完全开发出来，二是因为生涯教育的广泛参与，让学生可以更好地选择自己的发展方向。然而，中国企业在开展创业教育方面，其所处的外部条件与国外相比有很大的不同。我们都清楚，在“学而优则仕”“君子喻于义，小人喻于利”等传统文化心态的作用下，杰出的人才的从业趋向是偏向于在制度内部，而不是在私营经济等方面，他们认为“稳定压倒一切”，而不是“机遇危险中求”，他们更多的是偏向于进行猜测和寻租，而不是进行务实的创新，导致在非竞争性的生产领域，年轻人的创造力被过度地吸引并被浪费。“公务员热”“国企热”几年来一直不断，就是一个很好的例证。在“资源驱动”的时候，这一问题还没有那么严重，因为那个时候的社会更重视的是物质和自然资本，而不是人才，所以那个时候的企业家教育以商业学校为主，只培养了一小部分有清晰目标的企业家。但是，在“创新驱动”的背景下，创新创业人才越多越好，因此，要想让更多的杰出的人才积极地发挥自己的创造力，就需要在一个公开、公平、无灌输性的氛围中进行价值观的培养，也就是要有价值观的思考和判断价值观的能力；明确其生命发展的原则、价值、理想，帮助其把一种有条理的、有原则的生命理想与其相结合。也就是说，在培养大学生“做对”能力的同时，还要引导他们去思考“做对的事”，去评判“做对的事”到底是不是“正确的事”。

（二）促进就业的创新创业教育

中国社会正在进行着一场经济体制、社会结构和社会形态的变革，在这个大变革的过程中，社会经济在快速发展的同时，也使我们遇到了前所未有的困难，职业院校毕业生的就业难问题，已经成为了国家目前迫切需要解决的问题，也是进入新世纪后，国家所面对的最大的教育和社会问题。各类研究结果显示，职业院校毕业生的失业问题属于一种结构性的失业问题，它是指大学生的素质与能力不能与转变经济发展方式所需要的就业问题，因此引发了政府、社会以及高等教育自身对我国高等教育人才培养问题的思考。经过研究、挖掘、沉淀，创新精神与创业能力已经变成了适应转变经济发展方式的人才培养的重要内容，因此受到了很多方面的关注，并进行了大量的实践和研究。

所以，在转型经济发展方式的背景下，在当前金融危机的影响下，要大力提倡大学生进行自主创业，在创业的过程中进行创新，把创新意识、视野、思维、理念和能力与创业的全过程融合在一起，这样就可以让高校在人才培养的模式上，在对以往进行反思的同时，也可以进行新的尝试与探讨，怎样才能培养出更多更出色的、具有创新精神和创业能力的人才。

实践表明，经过了创新创业教育的学生，他们的主观能动性和创造力都有了很大的提升，他们更容易找到工作，或者在工作中有一个良好的发展。与此同时，接受了创新创业精神的大学生，已经在他们的心中埋下了一粒创业的种子，这粒种子将在他们工作数年之后，在某个适当的时机发芽，开花结果。因此，要想从根本上缓解职业院校学生的就业压力，必须在学生中实施“以创促就”，必须在学生中进行创新创业。创新创业教育不同于普通的教育，创新创业教育可以培养出更多具有创造性、想象力、创新精神和开拓能力的人才，这些人才不但是为了适应社会，更是为了对社会进行改造，他们是未来社会政治经济生活的积极参与者，是社会文化的主动创造者。

（三）服务创新型国家建设的创新创业教育

创新和创业是大学生创新能力的体现。在全国科学技术会议上，提出了“培育一大批杰出的创新和创业人才，使他们的积极性、主动性和创造性得到了最大程度的调动，这是一个建设创新型国家的重要战略措施。”以及“要坚持中国特色的自主创新之路，是一个建设创新型国家的重要战略决定。”在一个新的世界里，创新是衡量一国国际竞争能力的重要指标。一国的创造性人才的数量、素质和结构是衡量一国总体创造性水平的重要指标。在创造性人才的培养中，教育起着举足轻重的作用。唯有通过教育创新，才可以培育出创新型人才，才可以进行创新型国家的建设，而创新创业教育就是教育创新的结果，也就是培养出创新型人才的一种重要方式。在高校中进行创新创业教育，并对高职学生进行自主创业进行了积极的激励，这是教育系统深入地对其进行了深入地学习和实践，为创新型国家建设提供了一项重要的战略措施。

第一，要实施创新创业教育，就需要改变与自由、民主、公平等现代教育观念相一致的传统的教学观念与想法；它也是一种新的教学方式，是一种对传统教学方式的扬弃。

第二，对创新创业教育进行了深化，推动了高校教育的改革和发展，推动了高校教育教学的不断创新。要想持续地提升学生的创新意识和实践能力，就必须要对他们进行有效地改进，这样才能有效地推动他们的综合发展。大学生的创业活动与大学教育有着自然的关系。把这两个方面有机地融合在一起，必将给人们在自主与创造两方面都提供极大的益处。

第三，“创业”作为“政府 - 企业 - 社会 - 高校”四个层面的联系和桥梁，“创业”是实现“以创业带动就业”和“促进高职高专学生就业”的一项关键举措。

在创新驱动发展方式的背景下，强化对学生的创新创业观的教育，从而使大量的有才华的学生能够积极地参与到创新、投身于创业活动，并运用他们所学的知识，让他们能够真正地融入到转变经济发展方式的进程之中，已是非常重要也非常有必要的。当前，高校应大力推动大学生创新创业教育的发展；也是目前世界上一些先进国家出现的一种高等教育潮流。创新创业教育是为国家加快转变经济发展方式，为深化高等教育教学改革，提高人才培养质量，促进大学生全面发展，为实施以创业带动就业，促进职业院校毕业生充分就业。创新创业教育是一种为了满足经济社会发展以及高等教育自身发展的需求而产生的一种教育概念，它是一种培养创新型人才的一种特殊方法，它对创新型国家的建设起到了积极的作用，是创新型国家建设的一项基本项目，同时它还有着十分重大的教育价值和战略性意义。

我国的创新创业教育已经发展了很多年，虽然在世界范围内，已经有了很多关于从资源驱动向创新驱动的转型的经验，但是，我们在转型过程中所走的道路并不会与其他国家一模一样。中国高校在“以创新为导向”的背景下，既具有“以人为本”的特点，也具有其自身的特点。

我国的创新创业教育具有如下特点。

（1）国家对这一问题的关注与扶持程度逐渐提高。各级政府为鼓励大学生自主创业，加强创新创业教育，相继出台了一系列相关法规、政策，并提供了大量的资金补助和保障服务。

（2）学科建设初步系统化。《创业基础》是国家有关职业院校开设的一门课程，已被国家有关部门明确要求。有些院校还开设了与之有关的理论、实务和实习等学科。与此同时，在创新创业教育方面，与之有关的教科书也从过去依赖于翻译的状况，逐步转变成了由我国来编制，并且已经初步具备了一定的规模和水平。

（3）教育方式和方式逐渐变得多样化。为了使创新创业教育得到更好的发展，高职教师在教学中逐渐采用角色模拟、师生互动、案例分析、计划大赛、实地见习等手段和形式，以提升学生的创新创业的综合素养和能力。

（4）标准化的创新和创业培训。在职业院校中，对大学生进行创新和创业的相关管理规定也逐渐制定出来。比如《创业教育学分管理条例》、《创业教育读本》、学生创业手册》，这些都是大学生的必修课，这样才能更好地指导大学生的创业教育。

（5）开展了一系列的科研院所和实训课程。科技部、教育部共同发起的全国高校科技园建设计划以及职业院校自主创办的创业园区数目迅速增加。为了开展实训，我国许多高校纷纷成立了创业协会、创新创业中心、高校科技园、“双实双业”基地、创业孵化器等。在省级以上的职业院校中，也设立了一些专业的“创新创业”课程，这为高校的创新创业教育工作提供了充足的人才保障。

综上所述，无论从何种视角看，创新创业教育都是以适应各种需求为导向的，这与二十大报告中所说的“转型升级要靠创新创业”是一致的，并在此基础上，进一步明确了“鼓励创业”“推动以创业带动就业”“实行就业优先”“扶持年轻人创业”的原则相一致。在《中共中央关于全面深化改革若干重大问题的决定》中，又一次明确了要建立“政府鼓励创业，社会支持创业，劳动者敢于创业”的新体制。要对创新创业教育的管理进行有效地强化，从而更好地对创新创业教育的人才培养方式进行改革，这已是世界范围内教育改革和发展的新趋势。

第三章　职业院校创新创业教育的方法

第一节　当前职业院校创新创业人才培养的现状分析

一、创新创业教育对职业院校的现实价值

最近几年，伴随着大学本科的扩大，高职学校正处于生源减少、学生素质降低的窘境，这也直接造成了毕业生素质的降低，在社会上，高职学校的文凭也变得不那么有价值了，特别是面对当前的就业环境，职业学校的毕业生找工作变得更加困难。在学生的培养过程中，必须强化学生的创新创业能力。学生就业能力培养是高校毕业生就业能力培养的主要途径。在对创新创业教育的培养体制进行探讨和完善的过程中，职业院校也应当朝着三个方面努力：第一，要确保学生可以从创新创业教育中理解到创业的实质，理解到创新的精神，并对自己将来的就业方向和发展目标有一个合理、完整的理解，从而为实现学生的高质量就业打下良好的基础。其次，按照不同于普通学校的教学思想和教学方法，改变目前普通学校给学生灌输知识的状况，促进高职学校的教学全面改革，提高高职学校的教学水平。最后，利用创新创业教育，可以让学生充分认识到社会发展的最新动态以及对人才的最新要求。同时，还要面临持续涌现的新领域、新行业、新技术，要与新常态的发展变化和要求相匹配，从而对职业教育人才培养的方向和目标进行调整，从而让职业教育与经济发展之间的关系更加密切，从而促进职业教育整体转型发展。

二、职业院校创新创业教育存在的问题

目前，职业院校“双创”教学已初见成效，但从对职业院校创业学院院长的访谈

中了解到，其对职业院校学生存在着专业定位不明确、专业设置不科学等问题。在职业院校的创新创业教育中，第一个要面临的问题是，老师和学生对创新创业的认知陷入了两难境地。在许多老师的观念中，创新创业教育被认为是“创新教育+创业教育”，从本质上来说，它被认为是一种对学生进行就业指导的教育，而在教学实践和课程体系的设计中，基本上也是这样进行的，从而造成了职业院校的创新创业教育在实施结果上出现了一些偏差。“双创”院校教师的分布不均和课程体系的不健全也是制约其发展的主要因素。在我国高校中，有能力进行创新创业教育的教师人数一般都比较缺乏，缺少具有较强的基本的创新创业基本理论的教师；另一方面，我国的创新创业教学方式落后，目前的教学方式都有一个共同的问题，那就是教师主导，学生被动接受。此外，还存在着学生创业心理承受能力不足，协同机制缺乏等问题。

三、职业院校创新创业教育教改措施研究现状

针对与创新创业有关的教育问题，众多的学者开始对其进行改革，并提出了一些教学改革措施。顾玲认为，职业院校的创新创业教育是一个具有广泛影响的综合项目，它的开展需要包括学校、政府、企业和社会在内的多个参与者的共同努力。季永波等人建立了大学生的创新创业能力评估模式，运用AHP方法评估了大学生的创新创业能力，进而给出了有针对性的改进意见。任争峰等人对职业院校创新创业教育进行了分析，指出了创新创业教育中的一些问题，如：培养学生的创新创业信心；因此，必须加强大学生的心理健康教育。第二，提高大学生创新创业能力。此外，还应完善创新创业教育的外在环境。陈洁茹在对职业院校进行创新创业教育的基础上，对其进行了分析，最后提出构建“三位一体”的大学生创新创业能力培养体系。

第二节　职业院校创新创业教育课程体系建设研究

一、创新创业课程体系建设的现状

（一）课程体系不完善

在课程设置方面，一些职业学校只为全校的学生提供一两门必修或选修的课程，

而且开设的时间也不固定，还有一些职业学校把创新创业与职业规划类、就业指导类的课程结合起来，没有构成一个单独的学科系统。

在开班方面，由于创新创业类课程基本上都是以公开课大班的形式进行，而且学生数量比较多，所以在教学方法方面受到了一定的制约，例如项目驱动、情景教学、角色模拟等教学方法都难以付诸实践。在评价方法方面，学科评价较单一，评价的及格率较高，但没有引起学生的足够关注。上述问题造成了高校自主创业教育的开设只是一种形式，而大学生在毕业后却没有积极参与到自主创业中来，从而造成了高校自主创业的现象。

（二）课程目标设置模糊

课程目标作为教育的起点和归宿，起着指导、支配和控制作用。在此基础上，提出了一种新的、有针对性的教育方法。然而，当前许多职业院校对创新创业的概念认识存在着误区，对创新创业的教学目的设定也存在着一定的歧义。高校创新创业教育的教学目的不应该仅仅局限于单纯的教学内容，而应该注重对学生的创新创业能力的培养。

（三）创新创业教育与专业教育的融合度不够

当前，在欧美等先进国家，我国的创新创业与职业发展已发展出一系列的模式，如混合模式、聚焦模式、辐射模式等。培养适应市场需要的应用型人才是高职院校应该遵守的人才培养方针，最近几年，各个职业学校在制定人才培养计划时，的确将创新创业能力与专业教学相结合，但是，在实践中，创新创业能力与专业技能的培养并没有很好地结合起来，在培养的时候，二者是分开的，相互分割的，这对提高学生的创新创业能力以及促进各个专业的内涵建设都不利。

（四）创新创业教育的师资力量薄弱

教师的实力是保证课程质量的一个重要因素。在各个职业学院中，大部分的教师都是由辅导员、学生管理人员或就业指导方面的教师构成的，他们自身并没有对创业的理论知识进行过系统的学习，也没有拥有过真正的创业经验，所以在授课的过程中，他们往往只是照本宣科，不能向学生讲解创新创业的理念、创业实战经验等，因此，他们的授课效率不高。尽管各个职业学院也会邀请企业员工、创业成功的毕业生等担任专家或兼课老师进行教学，但是他们的教学内容也只是一些专题讲座、竞赛评委等，效果并不理想，这对提升创新创业课程的教学质量造成了很大的阻碍。由于这一课程具有很强的综合性，所以对老师的要求比其他课程更高、更全面、更能培养出“一专多才”的全能型人才，所以，要确保这一课程的教学效果，首先要有科学的安排，其次要有保证老师质量，要不断地提升老师的整体水平。

二、创新创业课程体系建设的探索

（一）完善创新创业课程体系

课程系统应该按照不同的阶段、不同的层次、不同的要求建立相应的系统，包括课程的层次、课程的设置、教学方法、考试方法。从课程层面来看，职业院校可以构建通识教育、渗透教育、个性化教育三者有机结合的针对各学科领域的“特色教育”，而“个性化教育”则是针对那些有创意和潜能的，从浅到深，使创意与个性得到平衡，实现整体与个体的平衡。在课程安排上，要突出渐进，让创新创业的学习过程贯穿整个三年的学习阶段。一年级的主要任务是教授创新创业的知识，并对其进行培养，因此开设了创业基础、创业学、创业思维训练等方面的课程，还会开设一些主题的讲座，既可以给同学们带来一些理论上的指导，又可以让同学们更好地认识到自己在创业中所面临的困境与问题；二年级将着重于对学生进行创新创业能力的训练，对于感兴趣的同学，将会提供一些专门的课程，比如营销与策划、财务管理、创业企业管理等，让他们能够更好地了解创业的基本原理，同时也要让他们能够更好地利用自己所学到的创业知识与技巧，去参加省级甚至国家级的各种创新创业比赛，在比赛中获得好的结果，同时也要为自己的成功而努力。三年级是进行创新创业实习的阶段，需要开发和构建学校内部和外部的创新创业实习基地，并对其进行指导，同时还要对其开展项目的孵化和创业活动，并对其进行重点培养，同时还需要老师对其进行全程辅导，以使其能够顺利完成自己的创业之梦。在教学方法和考试方法上，老师们应该对传统的教学方法进行突破，采用课堂讲授和线上课程相结合、理论知识传授和体验式教学、创新创业竞赛、创业实践项目等多种形式，将创业理念、知识、精神融入到课程中，对学生的创新创业能力进行全方位的提升。

（二）树立正确的创新创业课程目标

创新创业是一项具有实践性的工作，而在实践性工作中，人们所需的基本素养更多地依赖于通过学习来培养。“创新创业”一系列课程就是要对学生进行这些品质的培养，它是课程的总体目的，也是在构建课程体系时要加以明确的。大学生创新创业素养主要是指大学生创新创业意识、创新创业知识、创新创业技能、创新创业素质。其中，有动机、有需求、有兴趣、有信念等因素；创新创业知识是在这项实际工作中所需要掌握的一种知识架构，它不仅包含了理论知识，还包含了实际工作中的实际工作经历，创业是一项综合性的的项目，它涉及了创业理论、企业经营管理、市场营销、工商、税收、人际沟通、心理学等方面的综合性知识。创新和创业的能力，是指在进行企业的实际操作过程中，需要具备的一些基本素质，如经营管理能力、开拓创新能力、对商机的把握能力、风险的评估和承担能力等。创业素质指的是企业家个人在创业活动中所表现出来的独创性的人格、意志、思想、观念和作风等，这些都是企业家个人的意志和情绪的体现，其中包括了社会责任感、团队合作意识、风险控制意识等。加强创业意识、丰富创业知识、提升创业技能、提升创业质量，这些都是构建创新创业课程所要达到的目的，并将这些内容贯彻在全部的课程中。

（三）构建专创相融合的课程体系

职业院校应该按照人才培养的定位和创新创业的目标，对专业的课程结构进行调整，对课程体系进行优化，对专业的教学流程进行重新设计，使专业的教学与创新的教育相结合，并将创新创业的能力作为一个整体来进行培养。在向学生提供专业知识的过程中，老师应该对学生进行发现问题、分析问题和解决问题的能力进行培训，并对学生进行专业的学习和研究以及创新创业的能力进行培训。在教学方法上，运用启发式和讨论式的方法，为学生提供更大的活动空间，以提高他们的自学和创造能力；在实习部分，将实际的事例融入到实际的创业过程中，使学员能够真正地体会到创业的难度和方法，从而使授课的效果更为直接；在进行专业课考试时，要将对学生的创新创业能力进行评价，其中，对学生对所学知识的理解程度是一个很大的因素。

（四）优化创新创业教育师资队伍

职业学院应建立一支由专任教师组成的教学团队，选拔一批具备创新创业理论知识、实践经验和创新能力的教师，实现“专职”教学，并邀请专业课教师、辅导员、创业成功者和企业家等为主讲教师或创业导师，以丰富和完善教学体系，充分利用专任教师在创新创业教学中的特长，为学员提供全面的教学服务。其次，要加大对在职研究生的培养力度，提高在职研究生的专业素质，提高研究生的学术水平，并及时掌握国内外最新的研究动态，增强研究生在在职期间对研究生的培养能力；最终，要构建一套评估体系，对所开设的课程与学生的真实需要的匹配度、教学效果、创新创业竞赛、项目合作等方面进行评估，从而保证教学的质量。

第三节　职业院校创新创业教育教学质量监控体系研究

从高校的角度来看，高校的教学质量监测分为两个层次：一是外部质量监测，二是内部质量监测。外部质量检测指的是同类机构和地方政府、社会对大学教学质量的监督，而内部质量检测也就是大学教学质量的自我监控，它指的是大学组织按照自已的标准，有意识地对教学质量展开监控。从总体上讲，职业院校和其他职业院校都把教育教学监督作为主要内容。在内部监督中，主要是由校领导负责。教务处及相关职能部门负责制订教学管理制度，实行质量管理，组织教学检查，对信息收集、分析、结果处理等工作进行集中。在课堂上，有专门的指导教师进行了随机抽查，并对教师的教学进行了定期的检查和评价。二级学院（系）要对规章制度和质量标准进行贯彻执行，并开展本单位的教学检查、信息收集与反馈，并根据学校的反馈信息，组织对其进行整改。学生资讯组负责收集、整理、反馈教学资讯。当前，全国各地都在大力推进职业院校的内部质量保证制度，对职业院校的内部监督工作也日益关注。然而，受传统理念及路径依赖等因素的制约，目前的“质超”监测还未能摆脱传统的“质超”监测模式，亟待在理念更新、模式构建、策略实施等方面有所突破。高等职业院校是高等教育的一个重要组成部分，在经历了十多年的改革和发展之后，最近几年逐渐在教学质最监控方面取得了一些成果，而外部的教学质最监控以政府部门为主。

一、职业院校创新创业教育教学质量监控存在的问题

（一）创新创业教育教学的外部质量监控尚未独立进行

职业院校办学机构在办学过程中不断寻求优质的办学理念，是提升办学品质的根本动因。而要实现高素质教育的目标，就必须加强高素质教育的主体意识。所以，从

以“外控为主”向以“内控为主”的方向发展，就成为当前我国企业质量管理理念改革的重要内容。长期以来，在职业教育中，由于受机构和制度等因素的制约，对其进行监督的方式主要是依靠外部监督，而非内部监督。单纯的外在监控，因为很难考虑到各个机构之间的差别，所以会造成质量标准统一，监督模式单一，从而限制了职业教育的个性化发展，也很难从本质上提升教育质量。当前，职业创新创业教学的外在质量监测，主要依赖于对职业院校整体教学质量状况的评估。例如，比如，浙江省开展的职业院校教学业绩千分考中，将创新创业教育作为一部分列入。在一些省市进行的学校办学水平综合评估和专业建设、思政工作等专项评估中，都把创新创业教育作为一个重要的考核指标。当前，有关部门单独对职业院校进行的创新创业教育与教学质量监督的研究较少，江苏省创建了一批职业创业教育的示范学校，浙江省实施了职业院校创业教育的试点计划，这些都是可资借鉴的。

（二）创新创业教育教学的内部质量监控需要逐步完善

以“本土化”的质量标准作为内在监督的依据，建立在组织及其人员对质量的高度自觉性的基础上，充分尊重学科的独特性和多样性，从而促进学生的个性的发展。在监控内部教育教学质量时，职业院校基本上采取了常规的质量监督手段，将教学流程进行了分解，在教学准备、课堂组织、教学内容、教学方法、教学手段、课外辅导、教学效果，以及教学评价等方面，提出了具体的质量要求和检查评价标准。对学习考核的质量标准进行了阐述，并对学生创业考核的种类和方式、考试命题、试卷审查和制作、阅卷和成绩评价等方面的标准与要求做出了详细的阐述，并对毕业设计和成绩评价的要求与标准进行了详细的阐述。多数高职教育机构在各层级间有针对性地进行了信息交流与反馈，并以此为依据开展了大量的教育信息收集工作。校方领导、有关职能部门、二院（系）负责人，在学期初、学期中、学期末，均坚持定期听课一次，并根据教学工作需要，进行一次随机听课，以便在实际工作中，能够迅速地找到问题并加以处理，提高了教育决策的科学性和针对性。组织有关方面的专家，对各学科进行督导、检查和评估。有的学校还建立健全了定期督查机制，在开学之初，组织召开了一次全校性的例会，对全校的教学计划、备课工作进行了全面的检查；在学期期间，对教学计划及课程安排的实施进行考核；每学期结束时，要召开一次教师工作会议，对本学期的教学情况进行总结、安排考试工作，并强化对考试的监督检查。但是，从整体上来看，常规性的教育教学质量监控已经不能与创新创业教育的需要相适应了。创新创业教育有它自身发展的需求，也有它自身发展的规律和特点。学生的创新创业教育过程，与他们所接受的专业课程的理论教学、实训实习都存在很大的差异。在时间、空间和活动的对象、方式方法等多方面，都具有自己的特点和个性。所以，职业院校的创新创业教育教学的内部质量监控还需要不断地改进。

（三）创新创业教育教学的全面质量管理基本流于形式

品质不在于检验，而在于制造。高校机构的“生产线”就是教学，因此，在教学第一线，要充分发挥师生的主体性，对教学第一线进行质量监管。与此同时，学院制的改革也在不断深化，学院制的发展也在不断推进，学院制的主要内容是管理重心的下移。为此，高校内部质量监管的重点应放在教学基层，并应建立相应的监管模式。在此基础上，提出了一种以学校为主导，以创业教育学院为主体，以全体教师为主体的综合性教学质量监测模型。全面质量管理，指的是一个组织以质量管理为基础而进行的改革，它尽管源于企业的管理实践，但是它与高校的人才培养工作的实际情况十分契合，有着极强的适应性，因此被广泛地运用于高校的质量管理工作中。在教学质量监控工作中，要突出过程监控，因为教学质量在很大程度上是在人才培养的整个过程中形成的，任何一个环节没有达到质量要求，都会导致质量链断裂，从而无法保障整个质量。同时，所有人都要参加，这是一个根本，没有这个根本，就是一个空架子。要以质量文化的构建来培育质量意识，使之成为一种自觉的行动，为全体员工的参与打下坚实的思想基础。在“全面教育质量监控”的模型中，学校将主要精力放在了构建教学质量标准和目标管理上，而创业教育学院则将主要精力放在对具体教学活动的监督和管理上，教师和学生可以对他们在工作和学习中的行为进行自我评估和自我调节，这样就使得质量监控的主客观相统一，将内部质量监控的各个方面都发挥出了巨大的作用。在具体的操作层次上，可以通过建立高校创业教育的教学评估体系来实现。对校内创业教育学院的教学工作进行评价，其主要内容是将创业教育学院与各个二级学院的教学工作以及管理工作结合起来，其目标是要对各个学院的教学工作进行一个客观的评估，并对工作中出现的问题进行正确的诊断，从而激发教师和学生的质量意识，从而达到不断提高教学质量的目的。当前，尽管大部分职业院校的创新创业教育强调的是全员全过程育人，有的学校还制定了一些激励教职工对创新创业教育进行支持的制度，但是从整体上来看，职业院校还没有完全建立起全面质量管理的概念，创业教育学院基本是一个独立的支撑，像团委等几个职能部门因为业务交叉而出现了相互合作的状况。因为机构设置的职能分布的差异，创业教育学院大部分都是游离在二级学院之外，与其他二级学院的关系只是战略合作者，而不是联盟关系。在师资、生源、优秀生评选等方面，各个二级学院基本都是一种敷衍了事的态度，导致全面质量管理基本上还是停留在口头上，真正的行动并不多。

二、职业院校创新创业教育教学质量监控体系构建

实施创新创业教育是提高职业院校素质的一条有效途径。在职业院校开展创新创业教育，对深入深化技术技能人才培养方式改革，优化职业教育课程体系，提高专业建设质量，提高双师型教学团队的建设水平，都有着重大的现实意义和应用价值。但是，在高校中所开设的创新创业课程，其教学成效到底有多大，以及在此过程中，创新创业教师的教学水平到底有多强，这些都不利于提高职业创新创业教育的质量。通过对职业教育教学过程中存在的问题进行分析，提出了构建职业教育教学过程中应注意的问题。

（一）全面质量管理理论的内涵与发展

全面质量管理的理论由美国学者费根堡姆首次提出。与传统的质量管理理论相比，全面质量管理理论取得了很大的进展，它将产品在设计、生产、销售等环节的集成和链式发展的特征进行了充分的考虑。该界定主要有三点：第一，“全面”是指对主体和客体都要有足够的认识，以“统计”为基础来进行创业教育。全方位的营销是为了获得顾客的信赖和信赖，满足顾客的期望。为了实现这个目标，这个机构需要把它的每一个会员都调动起来，集思广益、共同努力。其次，“全面”指的是产品从工厂出来，经过原材料采购，流水线制造、检验、包装、物流等一系列环节，各环节之间相互制约，缺一不可，而且每一个环节都关系到产品的品质。最终，品质应该是最佳性价比与完全符合客户需求的完美结合。

职业院校把质量管理纳入到了教育和教学的各个方面，把全面质量管理的思想引进到了创新创业的教育当中，把全面质量管理的思想和创新创业的教育结合起来，使得创新创业的教育体系的各个方面都可以相互衔接、相互制衡，相互协同，使得创新创业人才的培养的各个方面都可以朝着优质、优秀的方向发展。将各个环节的资源进行全面地运用起来，运用系统思维，对与质量建设有关的创新创业教育行为展开了一系列的工作，并对创新创业教育组织和个体进行了引导，遵循全面质量管理系统的既定要求，规范地进行创新创业教育和创新创业行为，实现各个单元均衡、各个组织满意的人才培养目标。

全员是指职业院校中的全部教职工，并不只包括专任教师、从事创新创业教育的老师和管理人员。在全面质量管理中的全员性，就需要学校的各个层次的领导们，在建立起自己的质量管理理念的同时，也要在自己的工作中，在自己的岗位上，要在自己工作中起到表率作用。高校的各个部门和基层组织要在高校的教学工作中起到重要

的作用。每位教职工都要充分发扬“主人翁”的意识，以学校的创新创业教育为基础，积极投身于质量建设之中，对各项制度都要进行严格的遵循，并主动地去做好上司安排的各项质量管理工作，从而实现全员育人的最好效果。

全过程是指职业创新创业人才培养的质量，在人才培养的整个过程中都会有一个完整的流程，从学生入学前，到他们进入学生创业园，或到企业顶岗实习，再到毕业离校，以及用人单位信息反馈等，在人才培养过程中，每个阶段都有自己的特点，对创新创业教育教学的整体质量起着重要的影响。

全方位是指从创新创业教育教学内容和课程体系，到教学方法、教学手段，从教学基本建设到教学评价，从管理队伍建设到管理组织建设和管理制度建设，从校园文化到教学环节等方面的管理。高校创新创业教育教学质量是高校创新创业教育教学质量的重要组成部分。

（二）职业院校创新创业教育教学质量监控的基本元素构想

在我国的研究中，对于质量监督的几个要素，已经有了较为统一的发展趋势，他们提出，应该对学校定位、人才培养目标，、才培养方案、教学设施设备、教学团队状况、学生素质、校园文化、教学管理等要素进行系统的监督。有些学者觉得，在提高创新创业教育的质量方面，可以发挥出某种程度上的推动效果。当前，职业院校正在进行督导专家队伍的建设（比如：构建校院二级督导体系，组织安排资深教师定期检查课程授课计划、人才培养方案、教学大纲，并在课程教学中开展专家会诊，探索提高教学质量的方案和途径）。与教师进行面对面的沟通，倾听教师和教师对创新创业教育的看法和建议，特别是对学生反映的看法和建议，它们都是来自第一线的最真实的反应，从各个方面对创新创业教育中存在的问题进行了解释，因此，职业院校一定要引起足够的关注，并努力将它们加以解决，让信息收集、整理、反馈机制畅通，从而促进高质量的建设闭路机制。问卷调查同样也是一种重要的方式，它能够避开教师和学生不愿意说出自己真实想法的情况和问题，会收集更加深入的问题，从而让问题产生的根源、解决的办法都更加科学、直接、真实、有效。基于以上的分析与研究，基于创新创业教育的实际状况与发展规律，将其分为五个基础因素：培养目标因素、组织机构因素、师资因素、信息反馈因素与条件保证因素。在培养对象上，重点关注了高校对相关政策和其他相关问题的关注，和该地区的专业水平与该地区的经济和社会发展需求相匹配；组织架构，即有无设立有效的、全面实施品质控制的管理架构；所谓“师资力量”，就是在职业院校中，承担着创新创业教育与教学工作的老师与管理人员，他们的工作能力能否与学生的发展需求相匹配，以及他们的培训与评估体系能否建立起来；信息反馈主要对创新创业教育与教学效果在不同群体中的反应进行了调查，它将重点放在了信息通道的通畅程度，以及反馈的信息的真实性和及时性上；条件保障主要对制度、硬件设施设备、软件配置等方面进行考量，以保障创新创业教育教学质量的实现情况。它与制度的制定机制、完善教育教学保障机制、激励机制等相关内容有关，还对这些措施的有效性进行了检验，并对它们的有效性进行了检验。对职业院校创新创业教育的质量监控，要以这五个基本要素为核心，对创新创业教育的质量进行全面、全过程、全方位的监控，对创新创业教育的教学活动进行评估，为提升高职创新创业教育的质量打下坚实的基础。

（三）职业院校创新创业教育教学质量监控体系的构建模式

通过对影响职业院校创新创业教育教学质量的主要因素（人、物和管理的因素）的分析，基于职业院校创新创业教育教学活动的全过程，按照全员性、全方位、全过程的“全面质量管理理论”，从监控目标体系、组织机构体系、制度保障体系、激励约束体系、督导评价体系和信息反馈体系等六个方面来建立创新创业教育教学质量监控体系，最终形成一种切实可行的职业院校创新创业教育教学质量监控管理方法。

1. 构建战略层

通过对创新创业人才培养目标导向和社会需求分析、内外环境分析，从全方位的视角，对各个教学环节的监督目标进行了确定。

职业院校创新创业教育的质量监测是一种封闭式的监测体系。教学质量的监测指标系统应从教学输入质量、教学运行质量、教学产出质量三个角度对教学质量进行监测。

（1）教学输入质量监控目标。

1）监督高校的创新与创业教育的发展。这符合了职业教育的人才观、质量观、教学观，突出了职业性和特殊性，并将其视为一种可持续发展的、具有创新精神的、高质量的、可持续的技能人才的教学思想理念。以创业意识、创业心理素质、创业知识、创业能力等为核心，建立“产学研”两级关系密切，学校企业积极主动，协同发展，协同发展的创业人才培育系统；要积极地与社会经济发展需求相匹配，并要与地区的经济特点相匹配，制订出一套与专业特点密切相关的、具有较强科学性的、完善的、符合大学生素质要求的、具有较高素质的大学生创业教育课程体系。

2）研究了高校学生自主创新能力培养过程中的课程设置和内容设置。在高校学生的素质和能力建设中，高校学生的素质和能力建设都受到了很大的影响。包括课程结构监控、教学计划监控、教学进度监控、课程标准监控、课程内容监控等内容监控。在课程设置上，重点关注了创新创业教育课程有没有采取必修课与选修课相结合、显性课程与隐性课程相结合、学科课程与活动课程和实践课程相结合等多种形式。在课程设计中，重点在于对课程设计的内容进行监督，以确保课程设计符合学生的知识、技能要求；在教学过程中，重点关注与各学科的教学过程的衔接情况；在实施过程中，对《课程标准》的监督，重点是对《课程标准》与《教学大纲》的衔接情况进行监督；对教科书的时效性、针对性和应用性，并要对教科书的规范进行严格的监督。对于教学内容，重点监督其与教学培养目标、课程标准、教学计划之间的一致性，所制定的课程标准与国家要求之间的一致性，与地方经济社会发展的实际需求相匹配，满足人才培养质量的各项指标要求。

3）监督教育资源。教学资源包含了软件资源和硬件资源两部分，它对创新创业人才的培养起到了保障作用，是质量监督中的一个重要环节。高校教育资源保障主要表现在经费保障、师资队伍、实践基地等方面。资金保障即经费投入的稳定和充足，是职业院校开展创新创业教育的基本条件。高职教育的资金来源包括：中央财政、地方财政、学生人均财政、学校自有资金、社会捐赠等。在经费的监督方面，要把总经费、年生均经费同标准经费进行对比，同本校上年的垂直对比，同地区内其他高职学校的水平对比，不能少于平均值。要保证职业院校学生的创新创业能力，必须有一支优秀的教师队伍。就教育来说，教师队伍是保证教育质量的基础。评价教师素质的主要依据是学历、数量、经验和结构。职业教育注重培养“双师型”教师，特别是具有“实践性”教师。教师的基本素养主要有以下几个方面：教师的创新性教学能力、教师的创业指导能力、教师的科研结果与创业实践的衔接能力、教师对创业信息的捕捉能力（教师继续教育培养计划与实施）等。构建大学生创新创业培训基地，关键是要有一定的实践依据。工作环境的学校内部实训基地的数量与建设面积，学校内部实训基地的利用率，学校外部实训基地的数量、建设水平和利用率，科技园、孵化器等所能够提供的服务能力等。

（2）教学运行质量监控目标。

在职业院校中，教学的流程通常都是由两个方面构成，一个是理论，另一个是实践，这两个方面都是非常重要的。在理论层次上，主要包含了一系列的课程内容，着重于课程的结果，同时也在着重强调了课程评价的方法；在实践方面，则是通过组织学生进行创业活动，或是在实训室（实验室）中进行对创业行为的质量检测等。

（3）教学输出质量监控目标。

教学输出的产品是学生，因此，对教学输出质量的监控，也就是对创新创业人才培养质量的监控，主要是对学生创业能力、创业资格证书、创业参与率、创业成功率以及创业学生跟踪调查（学生满意度和社会声誉等）等的监控。

2. 构建执行层

整合全员参与的监控组织、建立系统的监控制度、设计全过程的监控流程和多元的评价指标。

（1）组织机构体系。

在创新创业教育中，进行教学质量监督管理的有关机构和工作人员，其构成主要由学校、二级学院及教研室、教师、学生四个层次构成。

第一层是学校教学质量监督与管理的组织机构，它由校长、创新创业指导中心、教务处、教学督导委员会、教学质量监督委员会、教学质量监督、教学质量评价组成，起到了领导、组织、调度、指挥、监督等作用。在这当中，以创新创业指导中心和教务处为核心的监督组织，按照学校创新创业教育教学质量管理制度，对整个教学过程展开全面的监控，重点关注于监督。由学校内部的督导员及学校外部的专业人士组成的督导员小组，其工作重点是评估。

第二层是由各部、各部负责教育质量监督和管理的机构和职员组成，其层级为包括各部门之领导、各科室之主管、各部之主管。二级学院的工作是：制定与其所学专业相关的创新创业教育的教学方案，并进行课程安排，进行教学质量的研究及测试，进行教学检查，建立教学基础，对教研室的教学活动和学生的学习活动进行管理等，而二级学院则侧重于检查。教研室是以教学质量为中心，以教学计划为指导，以教学为中心，对学科教学活动进行有效的组织与管理的机构。同时，办公室主任对办公室教师的各项工作进行全面指导，办公室主要做好办公室的工作。

第三层则是教师。教师主要是对学生的学习质量进行监控，教师主要侧重于落实。

第四层则是学生。学生组成“学生评议”小组，对学校管理、教师教学等方面做出评价，并以反馈为主要内容。

（2）制度保障体系。

创新创业教育教学质量监督制度的管理，主要是建立教学质量管理的规章制度，建立教学有关的组织机构，使教学有关的管理活动、教学各个环节都得到了规范、科学、高效的运行，以确保教学质量的稳步提高。高校的教育质量控制体系包括：教育质量评价体系，学生评价、领导评价、同行评价、行业专家评价、教师评价、学生教学信息员；教师的职业生涯规划是职业生涯规划的重要组成部分。研究之目的是构建一套完善的评价方法和评价体系。主要包括：大学生就业调查体系、实践教学评估体系、课程建设评估体系、教学现状评估体系、教学突发事件处理体系、教学督导体系等。

通过对高校学生自主学习能力的评价，提出了高校学生自主学习能力评价指标体系。

（3）激励约束体系。

教学质量监督激励约束体系也是教学质量监督体系的一个重要组成部分，其作用是根据监督评价的结果，对教学活动的主体——教师、学生以及教学管理人员等进行行为上的激励约束。激励的方式有物质的激励、精神的激励（成就感、认同感与荣誉感等）、需求的激励（满足自己的需求、实现自己的价值）、竞争的激励等。约束机制是指从约束机制的角度出发，通过一系列制度措施来防止偏离管理目标的行为。制度、环境、个体、道德等方面的约束对一个国家的发展产生了巨大的影响。

（4）督导评价体系。

督导评价体系是教学质量监控体系的一个重要组成部分。大致可以分为三个部分：一是设立一个教学质量督导机构，以及一个专门负责进行教学质量督导评估的工作部门，它的工作重点是处理、解释和判断所采集的信息，找出、分析和诊断问题。二是在学校内部开展定期的教育质量监测与评估；三是能正确评估一所大学的教育层次与教育品质，以便进行教育改革与改进，提高大学的管理能力。

3. 构建支撑层

构建多通道信息反馈平台。教育质量信息是反映教育质量管理目的与工作状况的各种信息，如数据、记录、文档、报告等。在教育质量监控体系中，信息的采集、处理和反馈是一个非常重要的过程。创新创业教育与教学信息反馈平台，最重要的任务就是对在校与离校的学生进行追踪，并将其收集到的反馈信息进行汇总，最终构建出一个数据库。

该平台的功能主要有：①信息收集系统。主要包括了学生、教师、教学管理人员、教学督导人员、院领导以及通过校外信息反馈渠道收集的对教学质量进行直接反馈的信息系统。它的主要功能就是通过多种渠道，对大学教学质量进行全面收集。②信息处理系统。其功能是将收集到的数据按照要求进行整理，筛选，分类，分析，汇总，形成报告，使之成为有价值的数据。③信息储存系统。其主要功能就是将高质量的资料整理整理，以文档、资料库及文件的方式保存，供学校使用。④信息输出式（反馈式）系统。其主要功能是通过红头文件、会议、书面或口头通知等形式，使学校相关部门对学校的教育工作进行及时、准确的了解。⑤信息技术支撑（平台）系统。主要是指教学质量信息反馈所依托的软环境（计算机、网络及相关信息处理软件），为信息反馈者提供了方便的信息通道，为质量信息的反馈和信息数据的有效处理发挥了方便的作用，为信息收集、信息处理和信息输出提供了技术保障。

（四）职业院校创新创业教育教学质量的指标评价体系

在创业教育管理中，质量评价属于最关键的一个步骤，质量评价与创业教育的效果和目的有着密切的关系。质量评价的好坏，直接影响到能否获得客观全面的质量评价结果。要以地区经济社会发展的需求和对创新创业人才培养的需求为基础，构建一个质量评估系统，充分认识到利用实践教学来对大学生进行创业能力的培养的重要意义和价值，并为推动大学生参加实践教学提供良好的环境，对学校中的创业教育进行了科学的评估，并经常发表一份关于创业教育的白皮书，从而让大力推动职业院校的创业教育可以在社会和校园中获得更多的一致意见。。

1. 师资队伍

创业教学工作能否顺利开展，直接关系到大学生的创业教学工作能否顺利开展。可以根据教师的年龄和学历水平，对教师的职业能力进行评估。在实践中，创新创业人才的培育呈现出“金字塔”结构，具有创业精神和勇于创新精神的高技术技术人才在企业中非常受欢迎，这种类型的人才所需要的难度必然远超一般的大学生，所以无论是在人才培育计划的制定，还是在教学方式上的变革，都需要实践者不断创新，甚至是再造。这就要求教师团队拥有较高的理论教学水平和实际从业经验，并可以利用自己的个性魅力来对受教育者产生影响，从而让创业活动可以顺利地展开，并达到期望的效果，这一影响因素可以通过如下几个方面来度量：论文被引用次数；带领学生成功创业的比例。

2. 学生素质

每一位成功的企业家都有着自己独特的经历。有些特质是与生俱来的，例如，良好的体质以及继承自家长的优秀品质。有些品质是需要培养的，可以通过教学环节，可以通过社会实践，可以通过变革和创新来培养。其中，职业院校学生的创新创业素质应着重于其核心素质，即运用多种方法加强对其后天素质的培养。据此，研究将大学生的创业品质培养分为以下五个方面：参加创业课的人数；第参与度；以自主创业为择业方式的大学生所占比重；具有经营许可证之新生公司数目、创业成活率；一次就业率。

3. 核心课程

主干课是指与企业创业密切相关，范围狭窄，内容精炼和切合实际的内容。根据对国外多所职业院校的调查和总结，国内有学者将创业课程归纳为四大类：创业意识课程、创业知识课程、创业能力素质课程和创业实务操作课程，也有学者提出要将创业课程分为创业的财务面课程、创业的操作面课程、创业的策略面课程、创业的法律面课程、特定产业研究课程、环境面课程、个人面课程、整合性之创业实作课程、特定议题之创业实作课程等九种，对于核心课程可以通过如下指标进行度量：核心课程开设率。本研究之目的在探讨整合教学中之应用。企业管理人员对企业管理知识的渗透性；实训课程之学时与出勤率。

4. 教学方法

过去的教学以教师、教材为主，以测验结果为评价标准，而创业教育却是一种颠覆传统的教学方式与评价体系。对于创业教育来说，需要在课程中加入一些商业实践方面的内容，要把学生放在核心位置上，提倡创业者、老师和学生三方互动的方式，其中最重要的一种方式是：请一位成功的企业家到学校进行一次创业讲座；为学员提供创业策划的辅导；以小组形式进行业务仿真实践；培养学员的商务协商技巧；安排同学们去参加一些社会实践活动，寻求一些创业机遇；鼓励同学到公司当顾问；收集公司个案，开展个案剖析等。为了防止重复，可以使用下列指数来测量该课程的教学方式：企业家参与演说的次数；其中以商业计划书，调查报告等作为评分标准的科目所占比重较大，个案式授课所占比重较大。

5. 创业环境

（1）创业教育的软环境。创业教育的软环境，是指通过各项政策、措施营造的创业气氛，还有创业校园文化，在这种崇尚创业、宽容失败、鼓励创新的气氛下，学生更愿意参加创新活动，具备创新创业的意愿并为之奋斗。其中包括：创业社团、创业比赛、创业教育等。

（2）构建企业创新能力培养的硬件条件。创业教育的“硬”环境，具体包括了由学校提供的经费、创业的基础设施以及各类的保证，它是创业精神的传播、创业行为的开展、创业文化的生成的保证。这一影响因子可以从下列几个方面来测量：创业园的管理团队，创业园的硬件设施，接受创业的学生数量、获得创业资金的学生比例；在创业园区内接受过创业教育的大学生的创业比例；政府、政府的扶持政策、学校的资助、创业公司的资助等等。

三、职业院校创新创业教育教学质量监控的运行机制架构

（一）高度重视职业院校创新创业教育教学质量监控工作

职业创新创业教育应当给予足够的关注，这一点从众多的理论与实际情况中可以

看出。我们要认识到，我们不是关注做了几个创新创业活动，培养了几个创新创业人才，而要关注的是创新创业人才培养的质量如何，创新创业教育的效果如何，这才是我们推动职业院校创新创业教育的重点。为此，职业院校必须对创新创业教学给予足够的关注，特别是对其进行有效的质量监督，这是当前我国职业院校存在的主要问题。在学生的学习过程中，要把学习过程中的各个环节有机地结合起来。在学校的各个方面，不要把它和一般的教学混淆起来。这就需要在职业院校的领导中，建立一种对创新创业教育质量监督的观念，始终将质量作为人才培养的命脉，利用多种方式，从政策、资金、人力等方面，为开展创新创业教育教学质量监督工作提供有利的条件。在职业院校中，要重视对各个基层单位进行质量监控，并把创新创业教育的质量列入到了二级考核当中，建立起一个评估指标体系，让职业院校的创新创业人才的培养既要重视质量，又要重视效益，这种风气一旦形成，势必会对整个学校的人才培养质量产生积极影响。要加强对创业组织的资金支持，并加强对它们的年度考核和过程考核，将考核结果与年度经费划拨、干部考核相联系，并鼓励创新创业团队敢于进行创新，从而提升创新创业人才的综合素质。除此之外，职业院校还应该注重对其进行文化的育人，并着重指出，各个二级学院要建立起一院一品的创业文化基站，让其在经历了一千年之后，不断地加深，最终变成了提升创新创业教育品质的一大动力。要对学生团体的构建给予足够的关注，加强学生会和社团组织在创业教育中的积极效应，并鼓励他们进行对创新创业教育有所帮助的活动，利用制度化和非制度化、显性和隐性的环境因素和它们的共同作用，以各种形式来展现学生的才能，并将他们的活力都集中起来。与此同时，也让同学们搭建起了一个彼此之间进行交流的平台，在知识、人际、团队等方面，同学们都可以利用文化的交流活动来进行融合，从而推动各方面资源使用效能的最大化。要加大宣传力度，在校园建设上下功夫，打造创新创业的物质文化，在校风学风建设上打造精神文化，从而在全校形成你争我赶、争先创业的创新创业文化氛围。

（二）着力打造高效组织机构与高素质教师队伍

在职业院校中开展创新创业教学，单凭教师是不可能完成任务的，也是不可能取得良好效果的。高等职业学校要有一支高水平的教学团队，有一套完善的教学体系，才能保证高等专科学校的教学质量。职业教育应构建一个科学、合理、行之有效的管理体系，以保证其组织运行的效率和流畅性，保证其实施的有效性和有效性。职业院校应该成立一个专业的质量监督组织和一个专业的服务体系，成立一个由学校领导担任总指挥，各个功能部门都有各自的职责，并且能够相互协调地进行工作。通过构建教务处、创业教育学院和各二级学院紧密配合的工作体系，实现了大学生自主创业教育的良性发展。重点要着重指出以下几个问题：一是要在教师队伍的招聘机制上进行大胆的变革，敢于对传统的人才引进机制进行打破，不再将重点放在对学生的唯一性上，转而将重点放在他们是否拥有很强的创造力和创业经验上，对他们进行不拘一格的选拔。二是要对兼职教师的培养给予足够的关注。当前，许多职业学校把“兼职教师”当作一种有效的辅助手段，但本质上仍只是一个“表面”，真正意义上的行动并不多。职业院校要下大力气，将优秀的兼职师资引入进来，并对师资队伍的稳定性进行重视，不仅要在物质上给予一定的补贴，更重要的是要在精神上让兼职教师心甘情愿地来学校参与到创新创业教育中，并且还愿意带头对学生进行创新创业教育。三是职业院校要重视提高师资队伍的专业素质，要时常请业内的专家、学者到学校做一些特别的演讲，比如开办一个“创业大讲堂”，比如浙江经贸“浙商人”，就有一大群杰出的浙商到学校做演讲，在培训方面收到了很好的成效此外，由职业院校所邀请的专家学者还能够对其进行把关，对其进行诊断，并对其提出一些切实可行的意见，从而提高其对人才培养的质量。四是要充分发挥与其他国家的大学的优势，尤其是文化相近、语言相近的大学（例如香港和台湾）的优势，派遣中年轻的、有才能的老师到这些大学进修，以扩大他们的眼界，提升他们的专业能力。当前，我国职业院校教师出国学习的比率仍然偏高，除了资金、出国程序等因素的限制之外，更主要的原因还是职业院校的领导们对推动创新创业教育的重视程度，这也是提高职业院校教师素质的一个重要因素。

（三）积极构建完善和畅通的教育教学质量的工作机制

在职业院校中，应建立健全学生创新创业教育的质量监督体系。一是对职业教育进行创新创业教学的质量监测。现实情况是，当前，在职业院校开展的创新创业教育的质量监督工作，基本都是一种自发的行动，想起什么时候就会组织人马进行一次审查，又或是，在面对上级部门的审查时，就会进行一次临时的突击，这种方式很难将高职院校的创新创业教育的质量问题完全解决。二是要有系统地对学生创新创业能力培养进行质量监测。当前，对于高职教育的创新创业教育工作，还没有一个具体的管理部门，大部分高校的管理工作都是相互交织的，分别由教务处、创业教育学院等部门进行，没有一个具体的组织来管理和指导。三是对老师进行创新创业教学的质量监测，加强对其进行信息回馈。在职业院校教学中，如何构建有效的教学质量评价体系，是保证教学质量的关键。信息流已经变成了堪比资本流的一个主要的前提和方式，因此，在高职院校进行的创新创业教育的质量监督工作中，一定要注重信息反馈，通过收集信息，分析信息，解决问题，确定发展方向，发挥着十分重要的作用。在职业院校中，要搭建一个与创新创业教育有关的单位和教职工进行沟通和协作的平台，利用召开创新创业教育研讨会、学术沙龙、工作经验分析会等形式，推动创新创业教育质量监督各个环节的信息交互，提升双方的信任程度和关系，让各个部门都愿意为创新创业教育质量监督进行通力协作，从而达成一致，提升工作合力。

（四）加快建设创新创业教育教学质量监控保障机制

一是要进行制度的改革。没有规矩，无以成方圆。制度属于职业院校的法律法规，它是职业院校集体智慧的成果，它能体现出学校的利益诉求和治理方向，从而保证了创新创业人才培养的质量。根据职业院校学生的实际情况，构建与学生有关的常规管理体系、质量监控体系和质量保证体系，是学校创新创业教育体系的必然选择。职业院校要从学校办学的需求出发，结合人才培养的特征，废改立，特别是创新创业人才培养的目标、培养方案和质量监督体系。这是由于，一个地区的经济和社会发展并没有固定的体制，而是不断地发生着变化。目前，高职教育普遍注重系统建设，但对系统的上层设计存在着严重的缺失，对系统的修改也存在着一定的缺陷。职业院校要在创新创业人才培养教学工作流程、创新创业人才培养工作领导小组业务流程、不同专业创新创业人才培养的方案、创新创业人才实训基地的管理办法、大学生创业园入园管理办法、大学生创业园孵化工作条例、大学生职业技能大赛的工作流程和管理办法、大学生创新创业大赛的竞赛规则、大学生创新创业教育教材开发与管理、大学生参加创业活动的德育考核制度、大学生创新创业教育奖学金评定办法等方面展开制度创新，用健全的制度对职业院校创新创业人才的培养进行规范，使职业院校的创新创业教育的质量得到提高。

二是要有针对性地改革和完善的人才培训和保证体制。要想要进行任何的创新创业教育，都必须要有一定的资源作为保证，这种资源可以是资金，也可以是政策，还可以是师资队伍等。保障措施是教学质量的一个关键环节。职业院校要加强创新创业教育经费投入的统筹，在年度经费预算中，要保证有充足的资金，推动职业院校创新创业教育质量监督工作的开展。要提供充足的设施设备等，要制定经费、仪器设备等资源投入的标准，并保证每年有合适的金额增加，保证教育教学质量监督行为的充分进行。在职业院校学生创新创业能力培养过程中，要加强对学生创新创业能力培养过程中的“软件保证”的研究，构建起一套科学、行之有效的“软件保证”体系。比方说，在高职院校的决策层，会不会对创新创业教育的质量监督工作给予足够的关注，以及各种质量监督制度的设计是否具有科学性，并能够得到贯彻执行。各种工作机制的运行是否顺畅、有序，各个相关部门的责任意识和职责范围的定义是否清晰明确等。在此基础上，要将这些保障措施上的每一项指标都一一与之相匹配，查找工作中的不足之处，并采取行之有效的对策，将这些不足之处加以弥补，加强了对职业院校创新创业教育的质量监督工作的影响，从而提升了创新创业教育的教学效果。

三是要更好地进行奖励制度的构建。职业院校要注重建立激励机制，发挥好激励的杠杆作用，利用激励机制的运行，调动全体教师参与到创新创业教育的质量监督中来，为提升创新创业人才培养的质量做出贡献。为此，必须在职业院校中构建一套行之有效的创新创业教育的激励体系。关于创新创业教育质量监督的激励机制，在我看来，最重要的是要将高职院校中的师生员工，特别是那些参与到创新创业教育中的师生员工的内在的动机，以制度作为基础，以机制作为导向，利用利益驱动机制、荣誉评价机制、末位淘汰机制等交互作用，不仅可以将创业团队的价值指标反映出来，而且还可以帮助教师们积极地推动创新创业教育，提升人才培养的质量。对于在教学工作中作出杰出贡献的教师，应在原有的物质基础上，予以精神激励。

第四节　职业院校学生创业园与周边产业集群协同创新机制研究

目前，职业院校的创业园区建设已成为创新创业教育创业技能培训、以创业促进就业的主要途径。如果想要拥有可持续发展的能力，除了要全力推动自己的孵化力建设之外，还要紧紧地跟随着周边行业的发展速度，推动与周边行业的合作共建，加强与周边企业的业务联系，这对于提高学生创业园的活力十分重要，也有着重要的意义。一方面，大学周围的行业能够为大学毕业生的创业企业提供稳定的资金、装备和人才支撑，能够共享企业的创业经历，并能为大学毕业生的创业企业带来商机与合作机遇；同时，高校毕业生创业园的孵化也能给周围的行业提供新鲜血液，同时也能为周围行业提供高质量的创新创业人才。对于在周边行业发展过程中，迫切需要解决的技术问题，教师和学生可以在学生创业园中共同努力来解决这些问题，并将这些问题变成了学生创业公司的技术产品，并将这些技术产品输出到周围的企业，从而提高他们的生产经营效益。除此之外，学生创业园还可以提供创业咨询、经营管理知识传授、经营管理技巧训练、创业实训等方面的服务，还可以展开针对职业院校创新创业人才的职业培训，将创业园与周边企业保持密切的联系，为当地的经济社会发展提供更多的服务，从而构建出一个以学生创业园为基础的，可以实现日常教学与社会培训一体化，职业技能培训与职业技能鉴定一体化，同时还可以面向企业职工的在职提高、转岗培训、社会人员培训和待岗人员再就业培训的社会服务机制。

一、高技术产业集群企业与大学生创业园企业协同创新的机理分析

由于大学生创业园企业的创新治理是一种基于创新网络的治理机制，治理的主体应该是大学生创业园企业中具有创新活力的 KIBS 企业。而加强与周围的工业集群，特别是具有更强的创新性的高新技术工业集群之间的合作，则是提高大学生创业园区的创新实力和活力的一种有效方式。为此，有必要对高校科技园区与大学生科技园区的 KIBS 企业合作的动因及利益进行分析。

（一）高技术产业集群的企业与大学生创业园内的 KIBS 企业协同创新的特征判别

技术创新网络是高技术产业集群得以实施创新行为的重要载体。职业院校大学生创业园（科技园）中有许多企业属于 KIBS 型企业，它们在创新行为中推动了知识更新与技术升级。高校与科研机构在促进科技进步的同时，也在为高新技术企业的产品开发、人才培养、技术更新等方面提供了丰富的服务。同时，在高新技术产业集群中，科技中介机构也起到了很大的作用。在高新技术产业集群创新过程中，金融机构发挥着融资、融资和分散风险的作用。这些组织在高新技术产业集群演进中起着关键的作用，它们之间具有协同性、业务关联性、紧密联系性，能够有效地推动创新要素在集群内的流动与功能，进而实现对企业资源的优化配置，构建新型的创新体系与创业组织。高技术产业集群与大学生创业园（科技园）的 KIBS 企业构建了一种新型的社会关系网络，并通过二者的协同创新，提升了网络中的资源交换的广泛性，从而加强了产业集群与大学生创业园（科技园）之间的网络关联强度，这对于提升产业集群与大学生创业园（科技园）的效率与效益具有重要意义。

（二）高技术产业集群的企业与大学生创业园内的 KIBS 企业协同创新的动力机制

任何一个独立单元的组合、集群性、集合性的发展，都需要有一个能够激发双方、

多方紧密合作、目标一致的动力源泉。高校科技园区内的科技型中小企业和知识密集型中小企业从其自身的工业发展轨迹中分离出来，形成了一种强有力的动态驱动机制，从而实现了知识密集型中小企业的协同创新。在实践方面，体系中的各种资源经过多种组合，在不断的摩擦中趋向于协作，逐步发展和成长，形成了一个具有自主创新能力的整体。这样一个组织所能释放出来的红利，必然要比原来各个单位的简单相加更多，从而达到 1+1>2 的效果，而这就是协同创新的理论呼吁和现实需求。高科技与 KIBS 的合作创新，一定会与外部环境进行互动，这种互动的动态机理，并不只是系统内部的资源融合所带来的放大效应，还会涉及与外部环境互动所带来的资源重组和资源交换所带来的共建共享、共赢发展的创新局面。在这样的创新态势下，原本各自独立的创新体形成了一种新的均衡关系，它们可以共享到所有的创新结果，并且根据事先商定好的利益分配比例，根据已有的规定进行创新，进行各种活动，提高了创新的业绩，并共享了创新的收益。

（三）高技术产业集群的企业与大学生创业园内的 KIBS 企业协同创新的演化方式

研究表明，在高科技产业集群中，企业与企业之间存在着一种“共生”关系，即企业与企业之间的“合作”关系。这是我国高新技术企业集聚发展的一种主要方式，也是我国高新技术企业集聚发展的一个主要途径。KIBS 企业，以及科技服务中介机构、金融机构等，也可以通过合约关系与高技术产业集群进行合作创新，它们分别进行自主的创新，并根据合约的约定，将收益按时地传递出去，这也是高技术产业集群进化的较为普遍的一种合作模式。与 KIBS 型企业在集群内的协作相比，无论是基于地理位置的差异，或是因为连接机制的松散，都会给二者的互信带来阻碍，成为中国企业普遍面临的一个问题。为此，构建紧密的信息互动网络，发展协作创新工作体系，将协作创新透明化、制度化，并表现出一种公平、公正的创新心态，才能确保协作创新利益最大化。另外，政府机构的积极参与，也是推动高新技术产业集群和知识密集型企业之间合作的一种有效途径。政府对公司的可信性比较高，对公司的经济进行规范与管理。政府也乐于看到创新主体、创新联盟的构建，因而，政府参与高科技产业集群与高校科技园区的科技创新合作，是降低创新成本、加快创新效率、最大化创新收益的有效途径。

二、提升职业院校大学生创业园孵化力的实施举措

为了能够与周围的资源进行互动，大学生创业园区本身一定要具备一定的实力，

要具备周围的资源肯与之进行协作的优点和特点。为此，职业院校应根据自己的特点，加强对大学生创业园区的孵化能力。

（一）着力推进学生创业园硬件条件建设

当前，很多职业学校都设立了大学生创业园区，但是从整体上来看，大学生创业园区的占地范围较小，而且缺少足够的管理人才，因此很难为进入园区的企业提供全方位的服务，导致大部分进入园区的企业都只是一些小规模的经营活动，有的甚至只是将自己在摆地摊的物品迁移到了实体店中。职业院校要对大学生创业园的硬件进行强化，将资源集中起来，建立一个单独的大学生创业园，将单个企业的营业面积进行扩张，为入园企业集中购买日常办公设备（如电脑、空调、打印机、办公桌椅、文件柜等），在网络设施、公共办公场所等方面，由学校出资构建与创业企业正常运作的环境相适应的条件，从而将学生创业企业的创立成本降到最低。

（二）切实加强学生创业园软件条件建设

职业院校要对园区内的企业采取支持措施。要把培养创新创业人才作为学校发展的重要内容，把培养管理人才和创建学校品牌作为高校创业园区的主要目的所以，职业学校要在创新创业教育上下大力气，愿意在大学生创业园中进行投资，更关键的是要建立一只专兼结合的教学队伍，要对在培养创新创业人才上作出突出贡献的老师进行表彰，要积极创造一种能够激发学生创业行为的组织文化。对审批程序进行更多的优化，推行联合审批、一站式服务、限时办结和承诺服务等方式，让大学生创业园的管理变得更加流程化、制度化和高效率，为学生创业活动的开展提供优质服务。

三、高技术产业集群企业与大学生创业园内的KIBS企业协同创新的界面架构

（一）战略协同

在产业集群的创新网络结构中，企业间的合作是一种重要的合作关系。在战略接口的协同效应下，高新技术产业集群企业与KIBS企业在大学生创业园内建立起一种新型的战略合作伙伴关系，充分关注双方的经营活动以及对方的需求，把重点放在自己的优质资源上，整合跨业务部门、跨公司项目间的资源与成果，共同推动其发展

与进化，实现整体绩效的最大化。由于有效的协作是建立在两家公司的目标一致的基础上的，因此，在共同的目标下，建立一种稳定的战略合作伙伴关系，能够使两家公司在经营和管理上保持一种一贯性、连续性，基于此，进行资源整合、信息共享、风险共担、利益共得，从而实现协作的最佳效果。此外，高技术产业集群企业与大学生创业园中的KIBS企业的知识、技能、资源等分散在不同的管理部门中，要想有效地协调、整合不同技术、资源的知识和技能，这很大程度上取决于一个具有统一的企业文化，其具体体现为在一个统一的价值观下的经营思想和经营行为。所以，要想实现高技术产业集群企业与大学生创业园内的KIBS企业之间的协同创新，要让双方企业各个部门、战略经营单位、管理者和员工之间的关系，能够产生一种大家都认同的一致的价值观念，在这样一种和谐统一的企业文化氛围中，推动两家企业的持续共同发展。

（二）管理协同

因为高技术企业的创始人或管理人员大多是从大学、研究机构中独立出来创业的工程技术人员，所以他们对技术发展的最新趋势了如指掌，能够迅速地对可能出现的新技术及可能的应用作出响应，但是他们一般都缺少管理经验。因而，高科技产业群和高校科技园区中的科技型中小企业之间，在经营接口上有较多的共通性。高技术产业集群的企业可以利用大学生创业园中的知识产权企业（如：专业的咨询机构、法律服务机构、会计师事务所、大学和科研机构）的优势，为其管理决策的制定提供切合实际的建议，进而对其进行重组或重塑。根据市场的需要，双方在已经搭建好的合作平台上，通过动态调整内部结构、变更合作关系和制定合作规则来提高双方的创新绩效，并对双方的合作进程进行有效的监控。

（三）业务协同

在大学生创业园中，高技术产业集群企业与KIBS企业的协同创新，是技术流通领域进入到生产领域进行的合作，包括技术转让、技术开发、技术咨询（含管理咨询）和技术服务等。主要表现为：大学、科研院所等非商业性公共教育资源将科技成果（包括联合开发的成果）有偿转让给企业，协助企业形成自主知识产品。经营咨询机构，以其自身的经营知识交换机构，为高科技企业提供经营咨询，解决经营问题，提高其经营管理能力；为高新技术企业的金融和法律顾问，根据高新技术企业的运营需要，利用自身的管理系统和公共事务经验，帮助高新技术企业与其所在的社会关系系统进行有效的沟通和沟通；在工程技术、信息技术等领域，利用自己的专有技术、复合技术为高科技公司提供软件及其他知识工具等。研发是高科技公司存在与发展的根本，但由于其本身的财力状况，研发能力往往受到限制。然而，目前高职教育的研究开发领域普遍偏广，缺乏与具有地方特色的高技术企业的紧密结合，造成了高技术企业在自主创新方面的不足。因此，以政府资金支持、职业院校和科研院所承担和符合高新技术产业集群自主创新需要的共性技术平台作为基础，建立与高技术产业集群自主创新需要相适应的技术平台，是推动高技术企业自主创新的一条重要途径。利用集群间的技术合作，高技术企业可以在与共性技术平台进行技术协同的基础上，实现了技术研发资源的共享，降低了研发成本，提高了产品的质量。

（四）信息协同

高技术产业集群企业与科技园区的科技型企业在战略、管理和业务等方面的合作，都需要借助一个信息平台，实现信息互联、信息交换和信息加工。因而，高校科技园区中的高科技产业群和知识密集型企业之间的信息接口具有较强的协同性。高技术与KIBS结合，运用现代资讯科技如网路、资料库等，优化、排程及管理策略的各项行为；双方利用电脑网络，将数据库（数据库中包含了高技术企业的数据库、KIBS企业的数据库、其他网络创新参与者的数据库等）连接起来，从而可以进行数据的传递和信息的交流。在此基础上，借助CRM、BI等先进的信息化技术，实现对协同创新中各类数据的有效整合与有效利用，实现对协同创新中各类数据的有效整合与有效利用，从而实现对各结点的协同发展。

在职业院校的大学生创业园与周围的高技术产业集群形成协同创新、互惠共生的关系的过程中，首先，职业院校的大学生创业园必须要加强其孵育力，并指导学生建立起能够很好地与周围的产业集群形成共生的KIBS公司，这样才能够增强其新创公司的活力和可持续发展的能力。另外，还要求高技术产业集群要认识到自己的发展方向，要建立起与职业院校之间的合作策略，在协同创新和互利共生的机制的作用下，提高对资源的利用水平和基本发展能力，并借助学生创业园来培养具有较大发展潜力和良好市场前景的创业项目，从而为高技术产业集群的可持续发展提供源源不断的动力来源。除此之外，在构建职业学院的学生创业园时，要跟高职教育的发展趋势以及高职学生的个人特征相联系，探讨与高科技产业集群进行合作，在创业园中联合出资成立KIBS公司，与市场动态保持密切联系，依托于合作企业的董事会制，使学校与企业之间的关系更加紧密，从而推动校企合作的学生创业项目得到更好地发展。

第四章　职业院校学生创新创业能力提升的路径

第一节　职业院校学生创新创业能力的构成

一、创新创业能力的概念

希克曼席尔瓦，美国杰出的管理学大师指出：现在，我们已经进入了一个创新的年代。“创造的时代”迫切需要有创造力的企业家，需要他们的创造力能够在企业创新过程中起到核心和引导的作用，能够促使企业持续地进行变革，从而让企业在复杂而多变的竞争环境中处于不败地位。德鲁克曾经说过，对于一家公司来说，不是创新，就是灭亡。

创新创业能力指的是运用已有的知识和理论，在科学、艺术、技术和各种实践活动领域中，持续提供具有经济价值、社会价值、生态价值的新思想、新理论、新方法和新发明的能力。创新和创业是国家发展的灵魂，是经济竞争的核心；在现代社会，人与人之间的创新与创造，更多地是人与人之间的竞争。

二、创新创业能力的培养

（一）创新创业能力提升要点

1. 冲破消极的思维定式

负面思维模式阻碍了创造性思维，其表现形式有习惯性、权威、从众、书本、自我中心和直线等六种。要想有创意，就必须突破这种负面的思维模式，还自己一颗创造性的脑袋。

第一习惯性负面思维模式，又被称为经验性思维模式，它是指在对改变了的事物进行思考时，无意识地按照一种习惯性的思维模式进行思考。长期来看，这不仅会使人的头脑变得迟钝，而且会使人的思想变得死板，而且还会制约人的创造性思维，不利于创造性思维的形成。所以，我们应该对知识经验在创造性思维中的两面性进行辩证的理解，并要重视削弱习惯思维模式的影响。对已有的知识经验进行批判性的继承，在借鉴中进行突破，进行创新，使得已有的知识经验能够对创新活动起到积极的促进作用。

第二是权力性负面心理，即对当权者所说所做所为，无意识地表示赞同，盲目地追随。对权势的迷信，给我们带来了愚昧和懈怠；对权威提出质疑，是一种胆量；对权势的征服，就是对学识和智慧的检验。唯有如此，我们才能站在巨人的肩头，开创出更加灿烂的明天。

第三种是从众负向思维模式，即人们在没有经过思考的情况下，盲目地跟随群体的认识和行动。从众心理和行为的最大特点就是随波逐流，缺乏独立思考的品质。人一旦陷入盲目跟风的心态，就注定无法进行创新。

第四是书本型的负性思维模式，它是指人们对于书中所学的一切都是盲目地相信，盲目地追随。书本知识的确对人类产生了很大的积极影响，但是，它也有它的缺点，那就是迟后性，知识也会被淘汰，只有不断地进行更新，知识才能变成行之有效的信息，才能促进企业的进步与发展。

第五，以我为中心的负面思维模式，就是人们思考问题，做事都是按照自己的喜好去做，而不会考虑别人的感受和感受，这种以我为中心的思想，是阻碍文化创新和制度创新的最大阻碍。

第六，直线式负向思维模式，就是当一个人面临着一个复杂而又变化不定的事情时，他还会以一种简单的，不是这就是那一种，就是按照一种次序来进行思考。在实际生活中，线性思维是普遍存在的，比如将相似的例子套用，将已有的答案死记硬背。直来直去的人往往不擅长从侧面，相反，或者迂回来思考问题。

2. 掌握科学的思维方法

掌握科学的思维方式，有利于培养学生的创造性思维。

第一个是广泛的思考。从一个角度出发，将思想扩展到各个方向，去发现事物的多种构成因素、多种可能性、事物发展的多种理由（条件）和多种后果，从而获得多种思路、方法和方案来解决问题。发散思维是一种开放的思维方式，它在创造性思维中处于中心地位。

第二个是综合思考。基于发散思维，以某一目的为中心，对多种因素进行分析和重组，从而形成一种新的东西或者一种新的模式、新方案的思维方式，称为聚合性思维。

第三个是反其道而行。当时的丰田公司总经理丰田章一郎表示："我要说有什么成就的话，那就是我喜欢把任何事情都往后推。""倒过来思考"是一种逆向思维，它是一种把人们平时思考问题的方向和路径反向思考的方式。具体的逆向思维方式有：由一物联想到另一物（性）；从一个动作联想到另一个动作；由一件事情对另一件事情的影响去联想另一件事情对另一件事情的影响；从一个实践中去想另外一个实践：把事情的关系反过来想（正负，主次，好与坏，因果等）。

第四个是从侧面思考。横向思维法指的是运用借鉴、联想、类比等方式，将其他领域中的知识、信息、方法、材料等与自己脑海中的问题或课题相结合，从而得出具有创新性的想法和方案。其特征在于：对某件事情的确定性要求不高，而是对其各种可能性的要求较高；他所要关注的，不是如何对旧观念加以修补，而是如何提出新观念；不要一味地追求真理，而要注重真理的丰富；他不会拒绝任何一个机会，只要有机会，他都会抓住。

第五种是垂直思考方式。纵向思考是一种传统的思考方式，它是一条直线。一步一步的设想、推论、思索，一步一步的往最大可能的方向走，直至创作结束。这样的思维方式可以让你的思维变得有条不紊，并且可以让你的一些问题变得更好。

第六种是分裂和融合的方法。分合思维法，就是把被考虑对象的相关部位，通过思维的方式，把他们分开，或者把他们结合起来，寻找新的东西。例如，沙发 + 床 = 沙发床、衣服 + 裤子 = 连衣裙等，分合思维法包括分离思维和合并思维。

第七换位思考。转换思维又被称作"变通思维"，它是指通过改变角度、问题、思路和方式来进行思考，从而获得创造性思维的一种思维方式。而众所周知的"曹冲称象"则是一种思想转变的典范。

第八是想像与联系。想像力与联想力是两个主要的创新思想支柱。联想，就是思考者从某个思维客体的角度，通过某一事物之间的关系而联想到另一事物。联想可以分为相似联想，对比联想、接近联想、链式联想、跳跃联想。

3 经常参加社会实践。

人们获取知识最有效的方式并不是通过听别人说，而是通过自己动手去做，这样才能更好地接受信息，从而更好地培养创造力。常参与社会实践活动，从实际工作中感悟，从实际工作中创新。

4 交流合作。

透过资讯交换，可以产生创意的火花。你有一种想法，我也有一种想法，让我们对自己的想法进行交流，这样我们就可以拥有两种想法。而在这个交流的过程中，如果有了新的想法，那就有了更多的思想。

（二）激发个人创新的方法

1. 及时记录一些创新想法

人们在工作、生活、交际、思维中经常会冒出很多好点子，但由于时间上的限制，大多数点子都会被抛弃，甚至被遗忘。事实上，在创新的世界里，没有“坏主意”一说。三年前，你的一个点子可能是不合适的，但是三年后，它将会是一个非常好的点子。而且，这些看似荒唐但却远未成熟的点子，可能更能激起你的创造力。

如果你能把你的思想写进日志，在你想要一个新的思想的时候，你就可以从回顾以前的思想开始了。这种做法，不但使老观念有了新的可能，而且也是对新观念的重新思考和整理，使新的创意更容易被捕捉。

2. 自己提问自己

在没有提出很多“为什么”的情况下，你是无法获得有创意的洞察力的。胜利者往往会从一切表象中找出问题的实质，以避免这种常见的错误。他们从不认为一切都是理所当然，也从不认为一切都是顺理成章。而那些看似突发奇想的模棱两可的问题，却常常蕴藏着更多创意的火花。

3. 经常表达出来自己的想法

如果你想到了什么，不管是什么，你都应该说出来。如果只有你一个人，那就向你自己倾诉；如果你是一个团队，那么，你可以和别人一起讨论。说出你那些稀奇古怪的想法，让他们远离你的大脑。一旦进入了沟通的状态，他们就不会再受到潜意识中的自我检查。这么做，会给你一个更近更全面的审视、探究、体味他们的实际价值。

4. 永远充满着创新的渴望

如果对现在的状况感到满意，那么就没有了创作的欲望。缺乏积极的期望，或由于目前还不能达到而放弃追逐，都会阻碍创造性的发展。发明家与一般人并无二致，唯一的区别就是他们总想着如何做得更好。当他们想用一种更简单的方式来系鞋带时，他们就想出了用带子、钮扣、橡皮带和磁铁来代替。做饭时，人们想免去擦锅底的麻烦，所以就用上了“不沾锅”。这些都来自对改善现状的渴望。

5. 换一种新的方法来思考

循规蹈矩不会带来创新，也不会让你走出困境。有些人更倾向于使用比较分析的方法。面对选择，他总会坐下来，将自己的选择和自己的选择，写在纸条上，进行分析和对比。有些人喜欢用形象的方法，将无法解决的问题画出图表，或者列出一张简单的表格。有没有可能用另一种思维方式，或者是用多种思维方式来进行思维？试一试，或许最艰难的决定就会出现。

6. 有了创新性的想法，一定要努力去实施

有创意的点子，若不肯付诸实践，再好的点子也会落空。如果你想尽一切办法，但你不能坚持下去，就会失去成功的机会。爱迪生曾经说过：“天才是百分之一的灵感加上百分之九十九的努力”，这句话就是他的智慧和经验教训。坚持不懈，不屈不挠，你将得到你想要的。

第二节　影响职业院校学生创业成功的因素

一、个人背景影响职业学生创业

个人背景主要指的是学生的性别、年龄、所学的专业、学历、兴趣爱好、家庭背景等，这些都会对职业学生的创业态度和创业意识产生不同程度的影响。

（一）性别和年龄影响职业院校学生创业

女性创业者更倾向于选择风险较小、投资较少的服务行业，而男性创业者更倾向于选择风险较大、投资较大的工业。这是怎么回事？究其原因，一方面是由于男性和女性在社会中的地位，另一方面则是由于男性和女性的心理因素。在寻找创业的过程中，女性大多追求稳定，而男性因为要养家糊口，所以承受的压力要比女性大很多，所以他们的雄心壮志也要比女性更强烈，他们认为大风险，才会有大回报，所以才会有以上的结果。

（二）专业和学历影响职业院校学生创业

职业院校学生在开展创业活动，其所学专业、所受教育程度对其也有一定的影响。一般情况下，经管系的大学生比文史类的大学生更倾向于创业。经管类的课程，基本都是以经管类的课程为主，对他们的创业精神起到了很好的作用。在文化程度上，就国内而言，MBA 毕业的大学生，其创业意识比较强，要高于本科及以上，硕士、博士的创业意愿也要高于本科生。

此外，据统计，中国绝大多数的企业家为中等文化程度，私营企业的老板 78% 为中等文化程度，个体户中 63% 为中等文化程度，而拥有高等文化程度的创业者比例则比较小，在私有企业的雇主中，拥有大学本科和研究生学历的比例分别为 12% 和 0.2%，在自营工作者中，拥有大学本科和研究生学历的比例只有 1.1% 和 0%。

（三）工作经历影响职业院校学生创业

职业院校学生在学校期间没有太多的时间和精力出去工作，只能利用寒暑假出去打工，增加自己与社会的联系。毕业在外面工作两三年，有了一定的工作经历，等找到了合适的机会，就有了自己的创业念头。

二、个人特质影响职业院校学生创业

个人特质影响职业院校学生创业主要体现在三个方面：成就需要、控制源、自我能效感。

（一）成就需要影响职业院校学生创业

美国的社会心理学者麦克利兰分别了三个美国、意大利、波兰的研究结果表明，成功的需求应该转变成企业家精神带来的经济成长。除此之外，多年来，许多专家、学者也分别从不同角度对企业家的成就需要与其他不同群体的不同进行了分析、比较和研究，最终得到了这样的结果：企业家和他们的成就需要之间，的确在某种程度上，存在着一定的相关关系。

（二）控制源影响职业院校学生创业

控制源是指个体的行为能够对外部的环境进行有效的控制，企业家们对自己的行为有着绝对的信心，他们认为自己的行为可以对整个事件造成直接的影响，而对事件发展的优劣起到决定作用的是企业家的人格和能力。此外，受控型个人很有可能会变成一种追逐型企业家的行为，并会利用其所拥有的权利，对其所处的位置产生直接的影响。

（三）自我能效感影响职业院校学生创业

所谓“自我效能感”，就是一种对自身能力的理解，也就是一种信心的表达。在各个方面，人们对自身能量效能的认识也不尽相同。美国知名心理学家班杜拉（Bandura）曾对个体的能效性进行了界定，认为个体对自己能够运用所掌握的技术来实现工作目标的信心水平。在公司经营中，公司经营业绩是影响员工参与公司经营活动的重要因素。同时，也有部分学者，针对高、低两种类型的企业绩效做出相应的说明。研究发现，具有较高“创业精神效能感”的个体，具有较强的“创业精神”。而企业效能感较差者，则表现为对企业的恐惧，其精神状态较差，不愿冒险。在相同情况下，高创业能效感的个体在处理问题上优于低创业能效感的个体。

三、创业综合素质影响职业院校学生创业

创业综合素质是指在创业的过程中所需要的一种综合能力。主要包括五个方面：创业意识、创业知识、创业思维、创业精神和创业能力。

（一）创业意识

创业意识是创业者的一种重要的创业精神，是进行创业行为的基础。职业学生具有创业意识与否，对其创业的动机和精神动机具有重要的意义。在进行创业经营活动

的时候，职业学生一定要具备强烈的进取心和责任感，要有勇于进取、善于把握机遇、善于分析市场变化的能力。

（二）创业知识

创业知识，创业需要掌握的基础知识有：商务知识、企业管理、市场分析、法律法规等；专业知识是指学生在职业学校中所学的专业课上的知识，或者是在创业过程中，为实现某个创业项目而需要掌握的具有较高专业性和技术性的知识，包括管理学、经济法、创业管理、生产与运营管理、市场营销管理、财务管理、人力资源管理等。

（三）创业思维

创业思维，通俗地讲，是一种具有创造性的思维方式与方法，它是一种创业者所必须具备的重要素质。这样的思考方法，既能帮助创业者克服创业过程中遇到的难题，又能为将来的发展打下基础。

（四）创业精神

创业精神，很多时候都是和品质挂钩的。从定义上讲，创业精神指的是创业者必须具备的素质和毅力。对职业学生来说，创业之路并不像表面上看起来的那样简单，这就要求创业者充满了自信、充满了激情、讲诚信、勇担当、具有高度的社会责任感、具有良好的心理素质和冒险精神。

（五）创业能力

创业能力，对职业院校创业的成败具有决定意义，即创业者在创业的时候，面对困难时，能不能灵活地利用自己所学的知识和技巧，去克服困难。创业能力是创业精神中最重要的一种，它对创业精神的形成和发展有着重要的影响。

四、环境影响职业院校学生创业

职业院校学生的创业活动受外部大环境的制约。具体表现为四个方面。

（一）政府的支持与否会影响职业院校学生创业

在没有国家政策扶持的情况下，毕业生的创业是不可能实现的。国家对其的扶持有两个层面：一是“软”环境，二是“硬”环境。“软”是指高校毕业生在创业过程中所享受到的一系列有利的法律、法规和政策；至于硬件条件，就是有些创投公司会给那些想要自己做生意的大学生们，提供一定的资助。对于刚毕业和在校的高职生来说，在国家和政府的政策支持下，才是他们创业的主要动力。

（二）学校的教育会影响职业院校学生创业

职业院校教育在其创业活动中具有重要的地位。在进行教育的过程中，可以在教学过程中，设置一些与创业有关的课程，从而加强被教育的学生对创业的认识，让他们对职业教育产生更多的兴趣，从而让他们的创业能力得到更大的提升，为他们营造出一个更好的创业环境，从而让他们的创业成功率得到更高的提升。

职业院校要在两个层次上开展对大学生的创业教育，一个是对他们的创业能力的培育，另一个是对他们的创业意识的培育。创业技能教育是指职业院校可以针对学生的特点，设置与其相应的技能课程，如就业指导课、创业指导课等，从而提高大学生的创业能力，为其将来的创业打下良好的基础。而对创业精神进行教育，就是要对学生进行创业应该具有的心理品质进行培育，从而提高他们的创业意识，使他们能够真正理解到创业的意义。

（三）市场环境会影响职业院校学生创业

职业院校毕业生在社会经济发展水平、社会经济稳定水平等方面都会对其创业产生一定的影响。具有较好的、整体稳定的市场经济环境有利于毕业生的创业，反之，对职业毕业生的创业不利。另外，对于已开始创业的毕业生而言，其所选择的产业发展空间与其创业意向、能否成功有显著相关。

（四）家庭环境影响职业院校学生创业

家庭的环境对学生个人的人格特征有很大的影响，这对职业院校学生的人生观念的形成和创业能力的培育有很大的影响。已有的研究发现，具有创业经验的家庭中的大学生相比于非大学生具有更高的创业观念和更高的创业能力，而家人的创业经验又会对大学生的创业态度、创业动力产生直接的影响。除此之外，具有创业经验的家人的社交圈子也会对学生未来的职业生涯规划发挥着指导的作用，这就对学生的创业产生了很大的促进作用。此外，最关键的是，大学生的创业理念有无来自家长的支援，而家长对此的支援，对大学生将来能否走上企业家的道路有重大的影响。

第三节　提升职业院校学生创新创业能力的实施路径

一、基于职业院校创新创业课程体系视角

（一）加强职业创新创业课程中实践比重

一是把创新创业课作为一门必修的课，使“创新创业”成为一门真正的学科。在学校的课堂上，我们要教授的是职业学生的创新创业的相关理论和相关的基础知识，但我们也要避免传统的“填鸭式”的授课方式，要注重对理论的实际指导作用。让学生从一开始的漫无目的的参与到实际的计划发展或者孵化器的工作当中，得到一个完整的知识的学习。

二是要提高学生在创业教育中的实习比例。创业是一个以实践为主导的过程，所以，在职业教育的创新创业课程实施中，必然要把实践这一环节放在重要位置。可以提高实习比例，加深对理论性知识的理解。

此外，在这个实习过程中，职业学生可以对自己的创新和创业项目有一个初步的认识，从而提高自己的动手技能和团队合作程度。随着学年的增长，职业教育应该逐渐提高在创新创业课程中的实践所占的比例，同时还需要重视实践内容的时效性与针对性。其中，创新创业案例分析、市场调查、创新创业计划书撰写、创新创业团队模拟工作等形式，让学生初步体会到创新或创业活动的真实氛围。

三是职业创新创业教育要把“第二课堂”作为学生创新创业教育的重要环节。在创新创业教学中，开展企业家专题讲座、开展创新创业比赛、开展技能竞赛、参观优秀企业、举办创新创业座谈会等，是职业院校创新创业教学的“第二课堂”。“第二课堂”，既可以让他们有机会与第一流的科技工作者、杰出的企业家们进行沟通，又可以让他们的创意得到宣传和肯定，增强他们以后从事创意和创业的自信。

（二）注重三个年级职业院校学生差异性

要以多种属性为依据，制定出一套循序渐进的学习计划，这样才能确保职业学生能够对创新创业知识与技能进行全面地了解。为此，职业教育要针对不同类型的人才特征，设计适合于不同类型的人才培养方案。

一是高校在新生一年级时，要以培养大学生的自主创业意识为出发点，对其进行初识；职业教育可以把它列为一门必修课程，设置在进入大学后的第二个学期，主要是为了传授基础的创新创业知识，并对其进行初探和初探。

二是在大学二年级，重点培养大学生的创新和创业意识，以提高大学生的综合素质和综合素质；在职业教育中，可以采取选择和必修课的方式来进行教学，这样不仅可以确保本专业的普及性，而且还可以考虑到学生的学习方式的弹性，同时还可以充分地尊重职业教育中的学生们的创新创业意愿和目标。主要内容有商业计划书写作、会计基础、财务法规、销售计划、贸易理论和实践等。可以以各专业的特色和创新创业的前沿为基础，为其进行个体化设计，确保课程具有一定的弹性和前沿性，例如：广告设计、电子商务、数字营销、外贸、社交技巧、心理学等。

三是在大学的第三学年，要加强对大学生的创新和创业能力的训练，并将其纳入到实习环节。在第三个学年，学生能够将自己或创业团队的创新创业项目实施到实践中去，其主要途径是模拟创业、实习实训等，同时还需要教师给予及时、有效的帮助。

（三）及时更新职业院校创新创业课程内容

职业院校教育以生产第一线的技术技能人才为主，与当前的社会环境密切相关，必须满足市场的要求。它是一个多元化的学科，涉及法律法规、金融管理、广告设计、电子工程、“互联网+”等诸多学科。所以，职业院校在考虑到课程内容的先沿性的同时，还必须考虑到课程内容的多样性，并将其与有关的学科知识进行整合，从而避免出现课程不符合现实的状况，以及教学内容的单一化的不良趋势。两者都要与时俱进，既要有前瞻性，又要有多样性。高校要以敏锐的时代感和敏锐的洞察力，紧跟市场需要，不断充实教学内容，让学生能够获得前沿的创新创业知识。在开展课程开发的过程中，职业院校应该在最初阶段，对社会需求与学生的需求展开现场调查，并征求职业院校教师的意见和创新创业领域学者、企业家的意见，从而形成较为完善的、循序渐进的创新创业课程体系。职业院校应该持续提高创新创业课程的研究水平，加强对它的研究，并充分利用好职业院校教师队伍的自身优势，将多学科知识与创新创业知识进行了有效的融合，提高了课程内容的实用性和实用性。

（四）提升职业院校创新创业课程与专业课程的结合程度

一是要对传统的教学观念进行重新定位，明确“创新创业”和“职业发展”之间的辨证关系，加强对“创新创业”的师生意识和重视程度，扩大“创新创业”的“全校性”影响。

二是以人的成长规律为切入点，提高科学研究的层次，从而建立起一套合理有效的课程体系。在进行研究的时候，可以充分利用学校老师们的教学经验和他们的专业技术能力，同时还可以邀请到高职院校的课程开发领域的专家和学者，以及地方产业企业中的一些成功的企业家，对职业学院的创新创业课程的发展进行多角度的引导，从而保证了这一套具有一定的科学性和可行性。

三是把创新创业的相关理论与专业技术相结合，使职业院校毕业生的整体质量得到提高，并向更深层次地开展创新创业教育。此外，职业教育的老师们还可以采用各种不同的教育方式，对学生进行发现问题、解决问题的综合能力进行培养。

二、基于职业院校创新创业师资团队视角

（一）增加职业院校教师进行创新创业相关培训机会

一是在对师资进行创新创业训练时，要明晰权力和责任的划分。因为在职业教育中，创新创业知识的特殊性很强，它还与其他多领域的知识和技能相匹配，所以，如果由职业教育来进行统一的话，很有可能会削弱它们的专业属性，从而使师资训练的实用性下降。由各学院进行的创新创业教师培训可以按照自己的专业特征来进行，而学校的负责人也可以按照自己的学校特色来设计自己的培训内容，合理地分配自己的培训次数，从而确保了教师创新创业培训的执行结果。

二是要充实职业院校师资培养的课程。创新创业教育知识呈现出显著的交叉和前沿特征，如果仅仅将训练内容限制在一个特定的领域或者一个特定的方向，将会对训练结果产生不利的影响。同时，职业教育在培养学生创新创业能力方面也应注意其实用性。职业院校的每一所学校都可以邀请自己所擅长的国家或世界范围内的创新创业著名学者来为职业院校的老师进行训练，从而提高师资队伍的创新创业研究能力。此外，还可以邀请一些杰出的企业家来给老师们提供一些关于创新创业的课程，并且还

可以让老师们到工作第一线去学习，从而加深他们对创新创业的认识和掌握。在教师获得与成功创业者进行接触与交流的机会的过程中，他们可以将理论知识与实际情况更好地结合起来，并对自身的创新创业知识储备进行及时更新，从而持续地提高了职业院校创新创业师资团队的整体素质与能力。

（二）为职业院校教师进行创新创业实践打开“绿色通道”

一是建立高校教师的创新创业评价体系。把创新创业列入到对老师的评价体系当中，并且建立一个清晰的评价标准，把创新创业同职称的评价联系起来，这样才能最大限度地激发老师们参加创新创业的积极性和积极性。在评价指标的设置上，不能简单地采用“一刀切”的方式，要结合职业院校的特点和实际，防止“不公平、不公正、不公开”的坏局面，使职业教育的老师产生厌恶感。评价体系应从教学能力、科研成果和专利申请、项目开发等方面进行，从而使评价体系具有公平性和可操作性。

二是为学生提供一个适当的学习时间框架。而职业院校的教师要进行创新创业实践，则是要有时间做基础保障，所以，可以用申请假期的形式给予他们，这样可以让他们全心全意地投入到创新创业实践中，也可以让他们获得更多的经验，从而更好地参与到今后的有关教学工作中去。在职业教育中，利用假期，可以缓解职业教育的工作压力，极大地提高了职业教育的教学质量和教学质量。

三是建立职业院校教育教学科研人员的创新创业激励体系。职业院校可以在学校内部为教师建立一个创新创业奖励系统，它的重点是对在创新创业方面取得突出成就或作出贡献的老师进行各种形式的奖励。奖励可以通过颁布奖项、资金奖励等形式，创新创业奖项可以有“年度优秀创业教师”“优秀创新教师团队”等。此外，对于有潜力的高校教师，应给予适当的资助，帮助他们更好的进行研究与开发。

（三）制定灵活的职业院校创新创业师资聘任制

一是提高职业院校教育教学人员的专业素质；职业院校创新创业教育需要有专业的师资团队作为其保障，都是一种高度专业化的教学模式。

职业院校可从校内选拔拥有创新创业经验的教师来担任，也可从校外相关行业展开任命，可以灵活地制定创新创业教师任命制度，应该更多地关注教师的创新创业经验与能力，将其过往的创新创业经验与教学能力作为重要的聘任指标，并不将聘任条件限定在学位层次与专业类型方面。

二是选聘当地创业和创业领域的第一流人才，担任教学工作的专职讲师。基层教师在实习方面有着显著的优越性，可以对毕业生进行实习指导，帮助他们更好的学习和掌握创新创业的相关知识和技能。

三是要强化专、兼两职人员在创新创业教学中的联系与联系。可以采用茶话会、创新创业专题讨论、行业专家学者讲座、参观学习等多种形式来进行交流，从而提高创新创业专兼职教师之间的协作程度，使其能够最大程度地发挥出教学队伍的优势。

三、基于职业院校学生创新创业能力发展视角

（一）加强对学生群体职业院校创新创业教育宣传

一是要明晰职业院校大学生对“创业教育”的认识和理解；职业院校要以各种方式提高大学生对创新创业的认知水平，并在此基础上逐渐建立起大学生对创新创业的认知结构。在职业教育中，可以采用课堂教育的方法，向学生们提供基础的创新创业知识。在此过程中，老师们要对职业教育中存在的一些偏颇或错误的看法进行及时地改正，使他们对这一问题的认识更加深刻。在此基础上，职业院校要充分发挥大学生的主体性作用，并逐渐对其进行深入的认知和理解。

二是要指导职业院校毕业生重新树立就业理念，提高其对创业教育的关注；在职业院校中，要重视对学生的创新创业意识的培养，让他们能够形成前沿的概念，并逐渐引导他们将创新创业教育作为未来发展的重要基础。通过对高职生的关注，他们逐渐认识到了这一课程的重要性和优越性：一方面，他们可以扩大自己的选择范围，另一方面，也可以促进他们在工作中的思想成长，减轻“职业倦怠”所造成的消极作用，从而更好的认识自己的价值。

（二）加强职业院校学生心理疏导，提升开展创新创业活动的信心

一是为职业院校学生提供更高质量的心理卫生教育。职业教育可以把创新创业的内容融入到原来的心理健康教育中，把这两个方面有机地结合起来，逐步提高学生的创新创业的心理品质，还可以采用案例分析的方法来开展教育。在此基础上，结合大量的个案研究，使学生逐渐养成积极乐观的心态。

二是要及时地了解大学生的精神状况，帮助他们在创新创业中释放自己的精神压力；在学生们以个体或者团队的方式进行创新创业的时候，他们要时刻注意学生们的精神状态，如果他们发现学生们出现焦虑、沮丧、自卑、暴躁、长时间情绪低落等负

面的心理状态，那么他们就应该知道他们的真实情况，并与他们一起去正视他们目前的精神状态，从而让他们能够减轻自己的心理负担，从而更好地应付他们的日常生活和学习。

（三）为职业院校学生构建积极、包容的创新创业校园氛围

一是要拓宽职业教育的内容，拓宽职业教育的思路。职业院校教育可以利用各种渠道，向学生、教师和管理人员等广泛开展有关创新创业的教育活动。职业院校可以建立一个创新创业的网站或页面，将院校内、所在省市、国家以及国际上的创新创业前沿动态，在这个网站上发布出来，让学校内的教师和学生可以对其进行实时的关注和了解，同时还可以通过当前的最新社交软件来发布最新的信息，或者为学生们提供一个交流平台。这样，能够使学生能够及时了解到创新创业的最新信息，为众多高职学生提供一个沟通的平台，同时也能够丰富他们的课余生活，提升他们的学习效果。

二是要充实职业教育的创新创业教育内涵。创新创业知识涉及的范围很广，仅仅靠课堂上的理论教育是无法满足学生的学习要求的，因此必须要借助外部的传播来充实。国家陆续出台了许多有关创新创业的政策，然而大多数的学生并不能马上理解和学会，这就要求职业院校用各种形式来普及和普及最新的法规政策。此外，还应加强对经济常识、国际新闻、科技动态、商业知识等方面的最新动态的普及，使更多的高职学生能够了解到有关创新创业的知识和信息。

四、基于职业院校创新创业教育保障机制构建视角

（一）制定职业院校创新创业教育相关规章制度

一是确保职业院校的创新创业教育制度体系的层次结构；因为，在职业院校中，创新创业教育属于一种会根据学生的身心发展规律、知识积累、学习能力的持续发展，而适时地进行改变的一种教育类型。所以，在创新创业的规章制度中，也需要考虑到各个年级的学生在各个方面的差异性，避免出现“一刀切”的不良情况。规章制度要跟各个年龄层次的学生的现实需求和现实状况相结合来制定，要对这些规章制度之间存在的显著的差别给予足够的重视，为学生进行多阶段的学习提供制度保障。

二是对职业院校进行创新创业教育的相关制度进行保障。在反映制度的可操作性

方面，应以多方面的调研为基础。以职业院校内外的实地情况为重点，开展系统的、科学的制定工作，从现实的诉求入手，在实施中，才能确保其可行性。

三是反映职业院校创新创业制度体系的体系化。尽管职业院校创新创业系统以引导创新创业教育的发展为目标，但它也需要对内部和外部的各种因素进行保障和规范。在这些方面，把学生作为学习的主要对象，可以让他们得到一个清晰的系统的保证，从而让他们有足够的自信去进行创新创业的实践。同时，还要兼顾教师和地方行业企业的权利和义务，调动教师和企业的参与热情，提高其责任感。学校的管理规定除了包括课堂教育外，还应该考虑到学校的“第二课堂”，创业孵化，创业实践，以及对创新创业成果进行专利权的保护。

2. 建立职业院校创新创业资金项目

一是建立职业教育中的“创业创新资金”计划。职业教育可以结合自己的特点，建立自己的办学模式。若是自己没有足够的力量，还可以借助外界的力量。职业院校可以与当地产业公司联合设立，得到他们的帮助，确保基金计划的稳定性。同时，职业院校还可以动员杰出的毕业大学生参与到“基金”的建立中来，以“校友”的捐赠为“基金”，极大地保障了“基金”的经费来源。

二是加大职业教育创新创业竞赛的奖励力度。职业院校学生的创新创业比赛，既是学生“第二课堂”的一种有效途径，又是职业院校学生资助的一种主要方式。在有关的竞赛中，职业院校可以对获得奖项的项目，进行相应的奖励。这些奖项不仅是对学生个人或者团队的一种奖励，更主要的是，还可以将其用作创新创业扶持基金，以此来缓解由于资金缺乏而造成的负面效应。

3. 构建职业院校创新创业咨询服务部门，及时更新创业教育前沿动态

一是对国家有关创新和创业精神的有关政策进行适时的宣传。在咨询服务方面，首先要对国家的创新创业相关政策进行解读，并进行宣传和普及。在政策方面，咨询服务部要从多个不同的视角展开解释工作，并将其制作成与之对应的文本资料，从而保证学员可以按照自己的要求，获得相关的政策内容。

二是为学生提供多种形式的创新创业资讯。因为在实施创新创业项目的时候，要运用各种不同类型的法律和财务知识，而学生并不能完全掌握这些方面的知识。此外，学生对一些相关的法律和财务方面的认识还不够全面，造成了对他们的影响，影响了他们的创新创业意识和能力的培养。所以，职业院校就有必要设立一个专门的咨询服务部，为大学生们提供法律咨询服务，在职业院校的创新创业教育中，担负起了对职业院校的法制宣传和普及的责任。

五、基于职业院校创新创业教育领域校企合作视角

（一）明确校企双方的权责利益，充分调动地方行业：参与的积极性

一是以各种方式提高职业教育与当地产业、企业的合作水平。鉴于当前国家对职业教育所能给予的财力和人力都十分有限，职业教育迫切需要借助其他机构的力量，尤其是本地产业公司的力量。“校企结合”是职业教育长期发展的重要方式，能使职业教育从“企业”获取实习教学资源，提高学生自主创新和创业的成功率。产业型企业还能有效地发挥高职教育的优势，如科研和创新创业的基础设施等。职业院校可以建立相应的门户网站，在网页上定时地对本院校的创新创业优势与前沿动态进行更新，以此来吸引有意愿的相关行业企业与其展开合作。在与当地产业公司有联系的情况下，职业学校可以通过组织创新创业论坛、圆桌会议、主题研讨会等形式，为学校和企业提供一个相互交流和沟通的平台，从而加深学校和企业之间的合作。

二是确定了高校与企业之间的合作关系，确定了高校与企业之间的权利与责任。尽管学校和企业可以建立起良好的合作，但是在这一进程中，学校和企业之间的权力和利益的分配仍然需要慎重对待。在相关的规章制度之前，双方都要以彼此间的实际状况为依据，展开科学、系统的调查，进而制定出合理、公平的规章，并在实施的过程中，对规章的内容进行持续的改进，使其趋向于系统、全面，提高了其可行性与科学性。

三是职业教育对产学研结合中的创新创业成果具有一定的优先利用价值。职业教育的创新创业活动要求有一个实现的平台，而产业企业是实现这些活动的主要载体。职业院校对与其结对的当地工业企业，可以享有“优先权”的利用。当地产业企业能够评价职业院校的创新创业成果，判断其是否符合企业的发展需求、是否具有市场潜力、可行性高低、资金预算高低等，进而将具有发展潜力的创新创业项目培育到创新产业企业。利用“优先权”，既能促进职业教育中的创新和创业，又能为职业教育带来更多的发展动力，进而为职业教育带来更多的效益。

（二）校企共建职业院校创新创业孵化基地与实训场

一是职业院校和当地产业企业可以开展合作，建立符合产业特点的产业实习基地；在这个实习基地里，同学们可以直接参加一些带有他们专业特色的实习活动，并对他们进行适时的指导和解答，让同学们可以从实习中对自己今后的发展方向进行反思，

从而掌握到了创新创业的最新趋势。

二是职业院校和当地产业企业可以开展合作，建立一批富有地域特点的大学生创新创业实习基地。高校与企业之间的合作关系是高校与企业合作办学的重要内容，也是高校与企业合作办学的重要依据。一个地区的发展状况与其自身特点与高职院校以及当地产业企业的发展有着密切的关系。为此，高校与企业合作建设高校与企业的产学研结合，应立足于地区发展现状，立足现实，遵循实习发展规律。

第五章　职业院校创新创业人才培养

第一节　职业院校创业教育内部支持体系构建

一、内部支持体系的内涵

（一）支持体系

在《柯林斯词典》中，“支持”或者“支撑”是指一种能够帮助和给与事物发展的行为和过程，“支持体系”是指各种物质和精神方面的支援。

心理学和社会学对“支持”的界定是：从别人那里获得的一种普遍或特殊的支持，能够增强受者的社会适应能力，帮助受者抵御逆境，包括情绪引导的支持、社会资源整合和信息网络平台建设的支持、社会认同和自尊满足的支持、物质支持等。另外，对于支持系统中的受援人来说，他们对支持系统所能提供的资源是有选择的，所以，支持系统又被看作是由受援人的需要所构成的“资源池”，受援人就是从这个池子里汲取资源，从而实现自身的发展。

从整体上看，支持系统是一种为受支持方提供多种需要的资源，有助于受支持方发展，并具有资源流动性和减少不确定性的特性。

（二）创业教育内部支持体系

创业教育的内部支持体系，是指从影响创业教育实际效果的因素（重要的子体系）入手，运用整体性、系统性的思维，以提升创业教育的实际效果、提升学生的创业素质与能力为目标，对学校创业教育的各要素（重要的子体系）进行整体的整合与协调，从而构建保障创业教育的内部支持体系，实现创业教育的成功落地。

笔者认为，创业教育需要五大要素，即人才培养体系，创业教育组织，师资培养体系，文化环境及孵化服务，建立一个校内创业教育的支撑体系，并通过内部支持体系中五大要素的相互配合，实现对创业教育的体系化，实现创业教育的制度化，提高创业教育的实效性，避免创业教育流于形式，支离破碎。

（三）创业教育内部支持体系五要素

笔者认为，在职业院校开展创业教育，开展创业教育的过程中，可以通过五个因素来对创业教育的实际效果产生直接的影响，而这五个因素构成了本文所研究的“创业教育内部支持体系”。

1. 创业教育培养体系

要想要完成创业教育，最重要的不是学生有没有创造力，而是要看大学里的高等教育有没有创造力，还要看学校里的老师、科研和管理人员有没有创造力，他们的创新思维能不能给他们的创新行为带来良好的精神环境，因此，必须要对创业教育的培训制度进行健全。高校创业教育的目标系统、内容系统、课程系统和方法系统是高校创业教育的重要组成部分。在这些内容中，创业教育目标体系是建立人才培养体系的蓝本和领航灯，而创业教育课程体系是人才培养体系的基础，这本书将以目标体系和课程体系为核心展开对人才培养体系的分析和构建。

2. 创业教育组织

职业院校的创业教育组织，指的是拥有同样的教育目的，拥有一定的组织结构，并拥有明确的内部规范，对开展创业教育活动的具体执行部门和相关职能部门展开统一管理，以实现创业教育的目的，从而培养出一批创业教育人才的组织。本文从企业管理的角度入手，对企业管理中的一些问题展开了讨论。

3. 创业教育师资培养体系

作为实施教学任务和实现教学目的的主体，创业教师的教学质量对其教学质量有很大影响。其中，教师队伍中有理论专家、有技术专家、有政府工作人员、有企业家、有孵化公司的管理者、有风险资本家等。而建立创业师资队伍，则是通过对教师资源进行管理和组织，使其在创业教育中的作用得到最大发挥。

4. 孵化服务

在创业教育中，企业的培育是一个重要的环节。在创业教育的整体支撑体系中，孵化服务被认为是一个商业支撑的过程，可以向创业者们提供无偿的创业场地、融资渠道、优惠政策、技术服务及信息网络平台等，从而减少创业公司在创业早期的失败几率，尽可能地为大学生防范创业公司的风险，让他们更快更好地完成与社会的对接。

5. 创业文化环境

“企业文化”是指一个群体内部的价值观念和学校内部的行动方式，是一种集体思考方式的体现。企业文化指的是一种与公司发展有着紧密联系的意识形态和文化氛围，其中蕴含着公司在追求财富、创造价值、促进生产力发展等过程中所形成的思想观念、价值体系和心理意识，并对公司的思维和行为产生重大影响。营造一个良好的创业文化氛围，可以有效地提升资源分配的效率和合理性，推动企业的可持续发展，激发群体敢于冒险、敢于创新、包容失败的精神。

二、构建完善的创业人才培养目标体系

（一）职业院校创业人才培养目标

职业院校创业人才的培养目的，就是要让大学生具备创业意识、创业能力和创业心理品质等创业的基础素质。对这个目的的确定，能够确保高职创业人才的培养一直都在向着预定的目标前进。根据其培养目标，可以将其划分为一般型与个人型两类。

1. 共性目标

第一，培育创业精神。要主动指导学生们改变他们的就业理念，强化他们的创新意识和创造力，让他们认识到，自主创业是一种社会进步、自身生存及自我价值实现的需求，是一种更高层次上的就业。除此之外，还应该强化对学校迎战风险、知识更新、资源整合、战略策划和信息资源开发等意识的培养。

第二，要培养创业的精神品质。从六个层面分析了大学生创业的心理素质。一是树立“以诚为本”的观念，认为“以信为本”，没有“以诚”，就没有“以信促财”；

二是要有正面的心态，要有良好的工作形象，要有良好的工作习惯，要有良好的工作环境；三是坚定的成功理念；四是具有较强的社会责任心，有较强的竞争意识和进取精神；五是具有顽强的意志，在处理事情时要当机立断，要有良好的适应能力；六是有较强的抗压能力，有较强的抗压能力，善于控制自己的情感。

第三，增强了创业的整合能力。创业者的专业领域涵盖了商业、管理、财务、财政、税收、法律、公共关系等领域。同时，要加大对企业创业方式的引导力度，让大学生学会如何制定企业计划，以及如何把握创业所需要具备的基本技能。

第四，增强创业能力。创业能力是创业者最重要的品质之一。概括而言，应包括专业素质、经营管理素质和全面素质三个方面。职业素质是企业创业的根本，职业素质主要分为包括专业基本能力和专业创新能力。企业的运营管理能力，包括企业的分析判断能力、决策能力、管理能力和财务管理能力，在企业的发展中起着至关重要的作用。其中，公共关系、适应力、团队合作精神和创业者品质等是企业成功的保障。

2. 个性目标

对于不同年级的大学生而言，其创业教育目标的培养内容也有各自的侧重点。在大学生中开展创业教育，其目的在于培养大学生的创业意识。通过对大学生创业过程中存在的问题的分析，提出了大学生创业过程中存在的问题。二年级以创业知识的积累、创业心态的培养为重点。通过培养和培养学生的职业能力，使他们能够更好地发挥自己的特长，为自己的创业奠定良好的基础。三年级以培养大学生创业意识为主要目的。四年级以培养大学生的创业能力为核心。

（二）完善创业人才培养目标体系

研究表明，对高校支撑系统的作用方向、作用效果和作用质量起着最大作用的是从高校支撑系统的内在机制出发，也就是高校支撑系统的“目标定位”问题。

许多院校或机构在确定创业教育人才培养对象时，都存在着一些问题，将类似的问题加以总结，可以发现，这种问题不仅存在于教育教学中，也存在于创业教育人才培养的全过程。因为对于创业人才培养的目标导向，它本身并没有以校内的支撑体系的形式出现，但是它的核心肯定是在与之相关的一切要素之中，从某种意义上来说，一个学校、一个组织对于创业人才培养目标的考虑，同样也是对其价值判断选择、制度的顶层设计以及运作能力的考验。

由于对人才培养目标的确定是非常重要的，所以，对于所有职业院校学生来说，在对学生创业教育的校内外支撑系统进行整体规划时，首先要考虑的就是如何确定人才培养的方向，做到“纲举目张”。

同时，在思考人才培养的目标定位时，应当坚持如下原则：

首先，同一性与差异性相结合的原则。。因为创业教育是多种要素合力的产物，所以，它需要所有要素都在一个统一的目的指导下，有组织地运行，只有这样，我们才能达到真正的合力，让我们在学校的支撑系统得到最大的效率。另一方面，由于培训对象是有个性的，这些个性的差别不但体现在他们的能力和个性上，更体现在他们的心理需求上，因此，这就要求学校在培训的时候，必须遵循因材施教的方针，既要以总体目标为导向，又要兼顾学校的个性化需求。

其次，将短期与长远的目的结合起来。教育有其自身的规律，人的成长，人才的培养也有其自身的规律。职业院校的创业教育应该是一种以人为本，以人的未来为本、以人的发展需要为本的创业教育。当然，千里之行，始于足下，在创业教育中，也应该积极地指导学生，让他们能够脚踏实地，立足于现在。在此基础上，通过对学校发展的短期规划和长期规划，指导学生正确处理好“当下”和“未来”之间的关系，保证学校支撑系统的高效运转。

三、推进创业教育课程体系及服务体系建设

（一）改革创业教育课程体系

目前，我国继续开展创业教育面临的一个难题，即如何进行创新和构建。职业院校的教学制度以课程为中心，人才培养目标的实现也离不开课程。当前职业院校的大学生创业教育面临着以下问题：一是大学生创业教育很难与其他学科的学科相结合；二是大学生创业教育中的“两张皮”；三是在大学中，“创业”课程并没有受到足够的关注，多数被归类为通识课程，基本课程。另外，很多时候，只有很少的“精英”才会参加这些活动。因此，在这种情况下，从某种程度上来说，真正的创业课程，终究只是一种对少数人的教学，而大部分的学生所得到的，也只是停留在表面上的“创业理论教育”。针对上述问题，职业院校应该紧密结合创业教育人才培养的目标，对创业人才的核心能力需求进行清晰的认识，以培养学生的创业意识和提升学生的创业能力为主要目标，对创业课程体系及课程教育活动进行积极的变革。

第一，要把创业教育教学内容融入到各个学科的教学计划之中，这是把“创业”教学与“专业”教学相结合的必要条件；只有将创业教育的课程内容与专业教育相结合，才能让学生在本专业学习中不断增强创业意识，提高创业兴趣。

第二，注重综合素质的培养，使职业院校的职业培训和创业培训相结合；而创新创业教育所要培养的就是一类复合型人才，因此，把专业教学和创业教学相结合，正是对复合型人才最有利的。所以，二者的结合应该在整个教育中进行，课程改革应该渗透到基础课、外延课、活动课和实践课的每一个环节。

第三，从“把创业教育作为一种普遍适用的教育”这一理念出发，在构建创业教育的过程中，要考虑到多样化的需要，提高学生的自主性，在保障大部分人的基础上，为一些人提供更具挑战性和实践性的创业教学，从而提高他们的实践技能，提高他们的创业能力。

第四，要加强对学生的活动课程和实践课程的设置。由于教师水平的限制，在构建大学生创业教学的过程中，学生的素质和能力是一个非常重要的问题。具有丰富而有针对性的活动课程、基于真实项目的实践课程，最有利于加强对创业知识、技能的理解。

第五，在学生的素质评估中引入“创业精神”和“能力”，能够更好地把“创业精神”和“职业技能”融入到学生的职业技能培训中，从而更好地提高“职业技能培训”的重要性，从而提高“职业技能培训”的水平。

（二）推进创业教育服务体系建设

在宏观层面，创业教育服务系统应该涵盖创业教育、创业政策保障、创业资金支持和创业孵化服务等各个方面。从微观上讲，创业教育的服务体系则主要表现为创业教育进入实践层面后的创业孵化服务（这里主要讨论的是后者）。

应当从以下几个方面入手，推进职业院校创业教育服务体系的建设：

第一，职业院校举办的创业孵化中心，要充分利用高职教育的特点，坚持校企结合，并积极吸纳企业经营者和专业人士，对孵化中心进行经营和引导，为大学生提供创业辅导。

第二，高校要通过“科研结果 - 孵化企业 - 市场”的渠道，指导和鼓励更多的大学生参加新技术和新技术的研发和转换，为大学生提供相关的专业知识和技能，为大学生提供更多的就业机会。

第三，要构建一套科学、规范的评估体系，邀请第三方（企业或社会团体）的专业人士，联合开展对孵化基地大学生的创业行为的评估，既能及时地找到问题所在，又能及时地解决问题，又能及时地为孵化基地的入驻和离开提供有力的保障。

第四，要建立一套适合于大学生的创业教育的训练体系，这种体系可以是高校自己建立的，也可以是与其他的一些社会组织或者是公司合作建立的，这样可以将各种训练的资源进行有效地结合起来，及时地、全面地服务于大学生的各种创业行为，从而提高大学生的创业技能。

四、建构职业院校学生创业心理扶持体系

结合目前职业院校大学生创业心理素质的状况以及目前职业院校创业心理扶持工作中存在的问题，从创业课程建设、创业心理咨询机构建设、校园创业文化建设和微载体互动平台建设四个方面，具体地构建了职业院校大学生创业心理支援体系。

创业心理教育课程将有针对性地对高职大学生进行关于创业心理的知识的普及，并对其进行了创业心理素质的培训，在某种意义上可以提高学生在创业过程中的自我效能感，这一部分的建设将会从三个角度展开，即：师资的培养、教育对象的选择和课程开设模式。

通过构建一套适合高校特点的创业心理辅导体系，可以帮助高校及时地识别和处理大学生在创业过程中遇到的各种问题，从而提高大学生的创业精神卫生。有关的建设，主要包含了专业创业心理咨询和朋辈创业心理咨询两个部分，将这两个部分工作的融合，全面地解决了在创业前、创业中以及创业后，学生们在创业之前、创业过程中以及创业之后，他们心中所会出现的各种不同程度的心理冲突。

在促进大学生创业心理健康的同时，通过建立微载体互动平台，能够培养和激发学生的创业精神，该平台能够确保学生能够在线上随时学习和掌握有关创业知识和创业心理的信息，对于出现了一些常见的创业心理问题，还能够以匿名的形式在线进行心理咨询，以及在该平台上进行有关创业的经验分享，主要是从师资培养、内容建设和线上线下的教学方式三个方面来进行。

（一）创业心理教育课程建设

作为建立职业院校学生创业心理支持体系的一个重要基础，在学习了创业心理教育课程之后，可以让学生拥有更多的与创业相关的知识，这是学生开展创业活动的前提，可以为学生在创业的过程中提供更多的保障。学校可以通过创业心理教育课程，来提升学生的耐挫力，从而可以正确对待和面对创业过程中的挫折，对创业过程中可能出现的艰难和困难有正确的认知，从而了解和认识到创业过程中的风险，进而保证创业的成功概率和绩效。学生通过对与创业心理相关的理论知识的掌握，能够从心理学层面更好地了解大学生创业过程中可能存在的心理冲突，从而有利于学生在创业过程中进行自我心理教育，并充分发挥学生的自主性。在创业心理教育课程中，既包含

了课堂上的授课，又包含了实践性的课程，而无论是理论还是实践性的课程，都离不开教师的培养，离不开教育对象的选择，离不开课程的开设模式。

1. 师资的培养

一批有实力的师资力量是开展高品质的创业心理课的关键，该师资力量可分为专业课和活动课两类。在本专业的教学中，学员可以藉由本专业的教学内容，了解相关的相关理论。在实践中体验、实践和提炼，二者密不可分。把“创业观”与现行的教学理念相结合，要求高校在教学理念上实现解放思想、开展教学活动、调动大学生的创业积极性、建立科学的创业理念、端正的创业心态、把爱国主义、集体主义与大学生的创业意识结合起来，培养大学生的创业意识。

当前，我国高等职业学院的创业教育才刚刚开始，还有待于进一步的探索与创新。同时，全职的师资力量也十分匮乏，还需继续招募和培训。职业院校可以从已有的师资力量中选拔出专职师资，并聘请专职、兼职师资。学校可以鼓励现有的老师，积极参加 KAB 师资培训、YBC 师资培训、SIYB 师资培训和 DMC 创业指导师培训，争取在培训阶段取得相关的资质。可以请几个有过成功创业经历的企业家当讲师。同时，在兼职教师中，可以引进经济管理专家、政府部门官员和工程技术专业等，通过案例分析、专题讲座、模拟实战、创业论坛等方式，向学生展示创业的相关知识，加深他们对创业的理解。因而，他们在创业过程中将会获得更多的自信，这将有助于他们提高创业业绩和提高其自我效能感。

2. 教育对象的选择

因此，选择恰当的训练对象，对于训练计划的制定和执行，具有十分重大的意义。参加创业心理教育课程的学生，除有一定的兴趣外，还需要对创业有基本的认识，并具有适合创业的性格特点，包括敢于创新和冒险、积极主动、沉着冷静、独立果断等。因为各职业学校在构建创业教育的过程中存在着一些差异，因此，可以采取“心理测评为主，自我评估为辅”或以“自我评估为主，心理测评为辅”的方法。将自我评价与心理测评有机地融合在一起，既能充分地发挥学生的自主性，又能充分地体现出教学对象的科学性，能够精确地选取出创业心理教育课程的授课对象，进而保障了创业心理教育课程的教学质量和效果。

“以自我评价为主，以心理评价为辅”的选拔方式更适合于那些构建了相对完善的大学。在创业教育课程中，主要内容包括了与创业有关的基本理论知识，在学习了该课程之后，可以对“大学生创业”有一定的认识，并可以对“大学生创业”产生自己的认识与情感。在此基础上，学生们将根据自己的“创业”爱好，进行自我评价，并在此基础上，针对那些在自我评价中有正面作用的，学校还可以利用 16 PF 的测量工具，对他们的性格特征进行测量，并根据他们的性格特征，从他们的性格特征、自我控制能力以及对环境的适应能力三个方面，来判断他们的性格特征与他们的性格特征，并以此来决定本课程的教学目标。

“以心理测评为主，以自我评价为辅”的选取方法，更适合于在创业教育课程结构尚未完善的学校中使用。因为学生很少能够获得与创业相关的课程，在他们的日常生活中也很少能够获得关于大学生创业的相关资料，因此，他们对大学生创业的理解还不够合理。针对这种情况，学校首先要通过心理测评的方式，来缩小讲课对象的范围，然后在此范围内，让学生通过自己对创业的了解和兴趣，来进行自主的评价和选择，从而筛选出更适合参与到创业心理教育课程中的学生。

3. 课程的开设模式

创业心理教育课程旨在通过对创业心理知识的普及和对活动课程的体验，来提高学生在创业过程中的承受能力，进而树立正确的创业认知，提高学生的创业心理品质。开设方法，包括其目标、性质及开设时间，是其能否顺利开展的终极目标。

根据目前已有的有关研究成果，结合学生创业心理素质的现实情况，结合高等职业学校的专业特点，建议把创业心理教育课程列为一门选修课。目前，在我国，已有不少大学把创业心理融入到了创业教育中，根据赛义德（Saeid）等的研究，把它作为一门选修课，能显著提高大学生的创业意向，而把它作为一门必修课，其效果却不那么显著。与当前学生的创业动机相关，虽然有些学生是为了创造财富，或者是为了实现自身价值而有创业的动机，但仍有不少学生在衣食无忧的生活状态下，还没有对创业的想法。人的需求在人们对事物的情感感觉中起着中介作用，对于既有创业意愿又有创业需求的大学生来说，则能够在其创业的过程中获得正面的、正面的情感经验；而对于没有强烈愿望或需求的人，则会产生负面的，令人厌恶的情感体验。因此，根据学生的需要，选择了选修课的方式，不仅能发挥学生的自主性，也能为学校减少资源的浪费，还能在一定程度上保证该课程的质量。

通过对职业院校三个年级的研究发现，三年级的大学生在创业心理品质方面的成绩是最好的，而二年级的大学生在创业心理品质方面的成绩是最差的。导致这一结果的主要因素是，学校在大二期间开设了 SYB 或创业教育课程，这些课程并没有特别针对学生的创业心理进行研究，但其中也有部分章节和内容与学生的创业心理有关，基于这些章节和内容，学生们对大学生的创业行为的自我效能感得到了提升，可以看到，他们的创业心理品质也得到了提升。大部分职业院校的大学生，因为本身的知识储备较少，在经过一年的专业课程学习之后，往往会感到无力，并产生倦怠，从而导致其自我效能感下降。进入大二后，学生呈现出思想松懈、情绪情感体验消极等特征，大学生的创业需要他们有足够的自信来应对高强度的挑战。因而，大二大学生的创业心态倾向较差。因此，可以从大二的学生着手，在他们的基础上，通过对他们的教学，让他们在他们的基础上，通过对他们的教学，让他们能够更好地提升他们的创业心理素质。

（二）创业心理咨询体系建设

在当前我国大力倡导并关注高校学生创业的形势下，高职学生由于受教育程度低等原因，已逐渐成为高校学生创业的主体。随着创业教育制度的不断探索、创新和完善，创业心理咨询制度也得到了不断的发展和完善。其中，职业型和亲朋好友型是企业发展中的两个重要组成部分。职业的创业心理咨询是一种针对大学生在创业过程中出现的心理矛盾的心理辅导。朋辈式的创业心理辅导，是指在创业过程中，同龄同学或好友对有心理矛盾的同学进行心理安抚和心理开导，并给予适当的协助和支持。把职业的创业心理咨询和朋辈的心理咨询结合起来，可以使创业心理支援系统更好地融入到大学生的生活中。

1. 专业创业心理咨询建设

现在，基本上每一所职业学校都会建立一个大学生心理健康咨询中心，并且会有专门的心理咨询老师来帮助他们在学校的成长过程中，处理好他们在学校里所面临的各种心理问题，让他们能够以更健康、更乐观的态度来对待大学的生活和学习。伴随着高职大学生创业活动的热度越来越高，再加上政府的支持，参加创业活动的学生数量也越来越多。但是，当这类学生在真正面临创业这一现实问题的时候，他们也会受到多种因素的影响，从而出现一些心理矛盾，这些矛盾还会对他们的学习和生活造成一定的影响。现在，很多大学生尽管有了创业的念头，也有了一些参加了创业的行动，但是从规划到实现，很多人也承受着很大的压力。比如，当学生的学业受到限制时，怎样才能更好地兼顾学生的学业和创业；自己非常渴望自己的事业，却害怕事业不成功；在创业的时候，如果出现了失败，也会影响到自己的学习，那么在这种情况下，应该怎样去继续学习，去面对自己的家人及老师，如果得不到及时的疏导，就会对学生的学习和生活造成很大的影响。

虽然创业心理类问题也是在大学生心理健康咨询的范围内，但考虑到此类心理冲突是由于“大学生创业”这种典型而具体的事件引起的，再加上职业院校大学生的积极创业状况，此类院校有必要扩大培训中心的心理咨询教师队伍，比如，鼓励心理教师参加创业学、SIYB 等课程的培训，也可以邀请有创业经验的企业家、教师及相关人士就大学生创业问题进行深入的沟通，让职业院校的心理咨询团队对大学生创业的现状与进展有更多的了解。在学生面临这类心理冲突的时候，老师可以根据自己对大学生创业状况的所知，更好地在心理咨询的过程中，与客人建立起共鸣，从而可以真正地走进学生的心灵，使用专业的技术和方法，将此类心理冲突解决掉。

上述措施，是与当前在职业院校中，从事创业的学生所占的比重仍然很低的时候，可以采取的一种措施。从创业教育和大学生创业这两个方面来看，在今后的教育改革发展中，大学生创业是一种必然的发展方向。在大学生创业队伍的兴旺发展，创业人员的数量持续增加的同时，学校也可以在大学生心理健康中心里，建立一个专业的创业心理咨询工作小组，来协助这一批学生，解决他们之间的常见心理冲突，并展开危机干预。

2. 朋辈创业心理辅导建设

朋辈心理咨询发端于美国，80年代中叶，为了减轻职业院校的心理咨询工作压力，我国对朋辈心理咨询的理论和实践进行了积极的探讨。朋辈指的是年龄相近的朋友或同辈，朋辈心理辅导指的是接受过一定短期培训的非专业人士，对周围有困难的大学生进行的心理咨询和辅导。因为在现实的校园生活中，很多同学都会向身边的同学倾诉自己的烦恼，所以“朋辈”的引导和安慰，比老师和父母的引导和安慰要有效得多。因此，朋辈式创业指导对职业型创业指导起到了很好的辅助和补充作用，而职业型朋辈式创业指导是职业型创业指导系统中的一个重要有非专业系统。朋辈创业导师的构建，主要包含导师团队的规划，导师团队的选拔，导师团队的培养等几个方面。

朋辈创业指导是一种更加贴近大学生心理需要和现实生活的心理咨询，可以采取“寝室”“班级”和“院系”三个层次的建构模式。具体来说，就是每一班要配备两位寝室型的大学生创业心理咨询师，一位在男生寝室型，一位在女生寝室型；每一班配备一位创业心理辅导老师；各院系配备一位创业心理咨询师。

第一阶段的工作内容就是创业心理咨询师在发现自己身边有一些被创业问题所困扰的朋友和同学的时候，会对他们进行一些简单的心理辅导，然后上报给上一阶段的心理咨询师，然后再由第二阶段的系部将有关的信息收集起来，送到学校的心理咨询中心。如果已经存在了严重的心理冲突，而且朋辈心理辅导也不能取得理想的效果，那么，系部的创业心理辅导员应该及时向心理健康咨询中心的专业心理咨询老师反映，并建议学生进行专业的创业心理咨询，让他们尽快地恢复一个健康的心理状态。

选拔出一批杰出的朋辈创业咨询师，是构建朋辈创业咨询师有效工作的先决条件。一名出色的朋辈创业心理辅导员应该具有良好的心理健康、人格健全、热情耐心、工作认真负责、诚实可信、宽容接纳、合群以及热爱心理健康教育工作。所以，学校可以建立一个大学生心理健康中心，它的主要职责是对创业心理进行推广和宣传，在招聘工作人员的过程中，要对朋辈创业心理辅导员的主要工作职责、工作方式以及培训计划等进行详细的介绍。初选阶段分两种，一种是自愿申请，另一种是由同学推荐。第二步采用淘汰的方式，通过对学员在训练中的表现进行测试，并对学员进行基本的心理咨询和创业心理学方面的知识进行测试。

朋辈创业导师的培育，是构建朋辈创业导师体系的关键环节。与之相适应的培训模式和训练课程，则是由高校心理咨询师的专业老师来完成。培训的内容涉及了心理咨询、创业心理学等方面的基本知识。训练考试除涉及有关的基础理论知识之外，还涉及对个体的全面素质等方面的考察，以保证能够得到优胜劣汰，为以后的工作奠定一个好的基础。

第二节　职业院校创新创业文化培育

一、职业院校创新创业文化相关概念的界定

（一）创新创业文化

文化是一种具有丰富的内涵与外延的抽象性的词。《辞海》对“文化”一词的界定分为两个部分，一个是广义的，一个是狭义的，从广义的角度来看，是指人们通过社会实践所获得的物质、精神的生产能力以及创造出来的物质、精神财富，而从狭义的角度来看，则只是一种精神的产出。当前，人们倾向于从物质、制度、精神和行动四个层次来研究文化。

笔者认为，创新创业文化是一种文化的子文化，是一种在创新性思维的引导下，在创新创业实践中所形成的，被普遍认同的思想观念、价值取向、行为方式、制度体系以及环境氛围的统称。创业的特点、面孔和个性等都体现了创业精神。其具体内涵包括创新创业精神文化、创新创业制度文化、创新创业物质文化和创新创业行为文化。这四种不同的文化在其自身的作用下，彼此融合，共同作用于整个社会，进而推动着整个社会的可持续发展。

（二）职业院校创新创业文化

在职业院校中，企业文化是一种新型的人才培养模式，也是一种新型人才培养模式。职业院校创新创业文化是一种由学校领导、管理层人员、教师、学生以及其他人员组成的一种共同认可的思想观念、价值取向、制度和规定、行为方式的总和。其目的是促进学生的全面发展，促进其创新思维，增强创新创业意识，增强创新创业能力，培养其创新创业的兴趣和技能。

（三）职业院校创新创业文化培育

培育属于一种活动，而在职业教育中，培育高职教育的创新创业文化，就是要把创建“大众创业，万众创新”的校园环境，提升大学生的创新创业水平作为主要目的，按照创新创业的实际需求，对包含在高校教育教学中的创新创业文化的内容、思想以及理念进行梳理、总结、升华，并将其提升到一个理论的层面，从而使之成为一种具有一定学术价值的文化，从而使之成为一种具有一定学术价值的文化，并以此来构建职业教育的创新创业文化系统以及它的构建系统。具体内容包括：营造一个良好的创新创业文化气氛，构建一个健全的创新创业文化培养体系，对创新创业课程进行改进，打造一支专门的教师队伍，构建一个创新创业的平台，并展开一系列的创新创业活动等。目的是要让学生对创新创业产生浓厚的兴趣，培养他们的创新创业思维，提升他们的创新创业能力，并激励他们进行创新创业实践，与此同时，也促进了创新创业文化在职业教育中的孕育和可持续发展，进而为开展创新创业实践创造一个良好的氛围。

二、职业院校培育创新创业文化的优势

目前，职业院校正积极地进行创新创业文化的培育，与社会其他机构、本科院校相比，具有以下三个方面的优势。

（一）职业院校高素质人才与先进文化的集聚优势

职业院校是一所旨在培养具有大学知识，而又具有一定的专业技术和技术的人才，是具有先进知识与先进技术的高端人才的聚集之地，是一种先进的科技与优秀的文化的聚集之地。职业学生是当代大学生中精力最旺盛、思维最活跃、视野最开阔和创造力最强的群体，他们是大学生创新创业文化培育的主体，在推动大学生创新创业文化

建设方面具有无可取代的地位。职业院校具有较强的科技含量和较强的科技含量，这为职业院校创新创业文化的形成提供了有利条件。

（二）职业院校创新创业文化与职业文化的亲和优势

创新创业文化和企业的专业文化是紧密相关的，二者是互相促进的。首先，将开拓创新和敢于创业作为创业的核心内涵，是对创业职业道德和职业精神的美好期待；优秀的企业创新创业文化是推动企业快速健康发展的重要因素。其次，特定的职业（行业）是人进行创新创业思维与实践的重要场所，优秀专业文化可以加深人对职业（行业）的认识，并为企业成功开展创新创业打下坚实的专业认知基础。相对于大学来说，职业教育与职业文化有着更加密切的关系，它更加重视对学生进行职业道德、职业技术和职业精神的培育，因此，职业院校的教学本质上就是一种职业文化的内化的过程。职业院校在进行教学时，要将勇于探索的职业道德和勇于进取的职业精神，与学生的思想相结合，为培养创新创业文化打下了坚实的基础。

（三）职业院校创新创业文化与企业文化的耦合优势

创新与创业的关系是一种相互推动、相互影响的关系。首先，它是一种优秀的公司文化，它对公司的发展起到了促进作用。一个公司要想在未来的竞争中立于不败之地，就必须不断地创新，不断地追求卓越。其次，要有良好的企业文化，以此为前提，以此为根本，以“创造”为核心。一个企业必须拥有相对完善的企业精神、企业管理制度和企业发展道路，这样，企业的创新创业文化就会形成一个相对完善的环境。与本科学校相比较，职业学校更加重视校企之间的联系，共同培养符合企业和行业需要的人才。在学校和企业之间进行的联合培养中，职业学校的学生可以深入企业内部，感受到勇于创新、开拓进取的先进企业文化，并把它运用到实际工作中去。职业院校可以利用“校企结合”的优势，对职业院校毕业生进行持续的创新创业教育，提高其创新创业能力。

三、职业院校创新创业文化培育的优化策略

（一）强化文化育人意识，营造良好文化氛围

当你走进国内大多数职业学院的时候，你会被一种浓郁的学术气氛所吸引，但你

很难找到一种企业的文化，也很难体会到企业的气氛。目前，国内大部分职业学校都被一道高墙所隔绝，高墙之外是熙熙攘攘的商业街和饮食街，高墙之内只有各种形式的教学和科研活动，缺少了一种创新和创业的气氛。虽然大部分职业院校都会组织类似于模拟市场、科技节等创新创业活动，但这些活动往往流于形式，并没有给师生带来太多的实际效果。根据文化价值论的观点，职业教育中进行的所有创新创业活动都需要在创新创业文化的指导下进行，创新创业活动的价值与意义是通过文化来确定的。在职业教育中，要通过多种途径来培养大学生的创新创业能力。要做好创新创业文化的培养，必须以多种形式提倡创新创业文化，营造良好的创新创业氛围，激发学生的创新创业兴趣，提高学生的创新创业能力。

1. 确立“创新创业文化”与“就业文化”并行的育人观

职业教育的“就业文化”是职业院校的一个重要组成部分，它的建设是为了使高职教育能够更好地适应当前越来越复杂的就业环境，培养出更多符合企业需要的高素质人才。在科学技术不断发展和提高的今天，需要更多的具有创造性思维和创造性技能的高素质人才。站在就业的立场上，职业学校的同学要在平时的生活和学习中，要不断地锻炼自己的创新创业的思想，不断地提升自己的创新创业的能力，从而更好地应对日益加剧的岗位竞争和人才竞争，为社会和公司带来更大的价值。在职业院校构建“就业文化”与“创新创业”共同发展的育人观，应当从以下几个角度着手。

首先要对其进行科学化的规划，并将其与专业有机地融合起来，形成专业特色；在进行创新创业教育时，要改变以往的“灌输式”的教学模式，将创新创业文化的培育与就业文化的培育相融合，将创新精神的培育与职业素质的提升相融合，只有在这种情况下，才能充分发挥出学生学习的积极性和主动性，从而实现对学生创新创业思维、提升其创新创业能力的目标。

其次，从考核方式上，对高校学生的创新创业素质起到了促进作用。在对学生进行综合测评、培养评估的过程中，把创新意识和创新能力结合起来，可以让学生积极地参加到生活和学习中来，培养他们的创造性思维。

最后，加强对大学生的创新和创业意识的教育。由于传统的教育方式，导致了学生们仅仅注重了理论的学习，而缺乏了实践的能力，缺乏了创造性的思维方式。但是，在建立“就业文化”的时候，如果可以以“就业文化”作为指引，在进行创新创业教育的时候，注意对学生的多元化思维方式和创新创业意识的培养，这样就可以对学生的创新性思维方式和创新创业意识进行有效的培育，进而提升他们的创新创业意识。

2. 树立典型、以形成示范效应

在社会生活中，无论在什么地方，什么领域，模范的力量都是无限的，任何一个团体，一旦有了一个领导者，他的背后就一定会有他的追随者和模仿者。在创新创业文化建设中，要注重企业的示范性作用，营造出一种良好的创新创业氛围。

（1）制定宣传与鼓励措施。

要促进和鼓励大学生的创新创业，需要政府和学校等多方面的努力。

首先，从政策、法律、制度等角度对其进行了宏观上的扶持。近几年，国家对创新创业支持政策进行了很多有益的探索，比如《关于大力推进大众创业万众创新若干政策措施的意见》，就从创新创业的环境、资金和产业等 9 个层面，大大改善了国家的创新创业环境。在法律保障和政策支持的同时，政府还应当重视榜样的作用，要加大对创新创业的典型案例的推广力度，对在创新创业中取得显著成就的个人进行表彰，从而改变人们对创新创业的看法。江苏省正在进行这一探索，并以出版《激情年华江苏 75 位大学生创业纪实》等图书为主要内容，在省教育网等各大媒体上开展了关于大学生创新创业的系列活动，使广大大学生对这一活动的热情得到了很好的调动。

其次，大学要以学生的创新与创业事例为基础，强化对学生的教学与管理；在这些案件当中，挑选出最优秀的案件，并且在其中挑选出在创新创业实践中的优秀案件，并给予一定的认可，来建立一个典型，在学校里形成一个好的氛围，进而提升学生对于创新创业的兴趣。比如海南经济贸易职业技术学院，就采取了一系列的措施，利用校团委的公众号，开展“大学生创业先锋”的评选，以此来向广大群众宣传企业家的先进事迹。另外，学院还为获奖企业举办了表彰仪式和创业精神交流会，加大了对创业精神的认识和理解，从而进一步提高了大学生创业热情。

（2）重视榜样的教育力量。

当前，在大多数的职业院校中，对创新创业文化进行培养的主要是高校的专业老师，但是高校老师本身没有任何的创新创业的经验，因此在实践中缺乏一定的经验，这就使得我们必须关注到模范的教育作用。在创新创业实践过程中，模范和典型除了发挥了示范作用外，还具备了丰富的经验，可以为高职教育提供一种良好的教育资源。因此，在这一点上，职业院校要积极挖掘、合理有效地运用各类社会资源，挖掘和邀请在创新创业实践中表现突出的知名校友、成功企业，开展座谈会、讲座、实地调研等多种形式的创新创业教育。例如，在职业院校，可以邀请创新创业的成功人士进行主题讲座，让他们用自己的亲身经历来教育大学生，鼓励他们敢于创业，并教会他们如何创业。通过与成功案例的亲密互动，使其形成“你可以，我也可以”的思想，从而更有勇气迈出自己的第一步。

3. 加强创新创业精神培育，并融入校训教育

在职业院校创新创业培养过程中，应加强对学生的创新、创业精神的培养。创新创业精神是指创造性的创业者的主观思想中所具有的创造性的观念、思想、意志、作风、个性和品质等。在大学里，以社团活动等为载体，开展各种形式的大学生创业实践活动，在学校橱窗、校报开设创新创业文化专栏，从学校里的几个细节来培养学生的创新创业精神，培养他们创造性的理念，具有创新的意志和作风。

校训是一个学校的灵魂所在，也是构建校园文化的一个主要内容，它是一种在高职教育中逐渐被全体教师和学生所认可的思想和精神。校训是用来规范和引导学校师生在生活和学习中的各个环节，从而对学校师生的思维方式、治学和生活产生着潜在的影响。如果一个学校能够把创新创业精神与校训结合起来，把创新创业精神的内容纳入到校训之中，用校训来感染全校师生，让学生和老师都具备了创新创业精神，就会在校园里营造出一种良好的气氛。在全国范围内，具有良好的创新创业文化的高职教育中，义乌商业专科学校因其“尚德崇文，以创业为本”的校训，把“以创业为本”作为自己的教育目标，形成了一种浓郁的创新创业文化。

但是，从现在的状况来看，在大多数的职业院校的校训中，并没有包含创新创业的内容。有些职业学院的学者，更是把大学当成了一个培育学术人文精神的纯净之地，而把创新创业的功利化和商业化的一面，并不利于培养学生的人文精神。这个传统的思想理念，应当随时间的推移而改变，在校训教育中将创新创业精神融合进去，可以对职业院校的创新创业文化的培育起到很好的推动作用，从而推动职业院校的长期、全面的发展。

（二）注重载体建设，提高培育工作实效

1. 培养专业化的创新创业教师队伍

在职业院校人才培养中，教师是实施人才培养的主要力量。要想做好学校创新创业文化的培养工作，就一定要建立一支高素质、专业化的创新创业老师队伍，这样才能让学生了解到更加先进的创新创业文化，从而培养出创新思维，从而提高他们的创新创业能力。

（1）扩充创新创业教师来源渠道。

首先，引进了一批创业兼职导师。在职业教育中，应放弃“师资来源的国际化和外部化，防止近亲繁殖和思想狭隘”等问题。在大学里，除了全职教师之外，也可以聘请一些有较高水平的人才，如成功人士和著名科学家来担任大学“创新创业”课的

教师。这些在各个领域取得重大成绩的卓越人物，往往都有着丰富的创新创业经验，能够培养学生们多元化的思维，增强其对创新创业的兴趣，提升其创新创业素养。武汉软件学院对这一问题进行了初步的探索，具有很好的借鉴意义。学院还主动邀请学校校友、创业成功人士和专业人士担任创业导师，组建了一支人员稳定、专兼结合的创新创业教育教师队伍，为培育学校创新创业文化提供了师资保障。

其次，加强外部聘请教师的培训与管理；随着创新创业师资资源的拓宽，高校中的兼职师资人数将不断增加。在此背景下，我们要加强对兼职教师的管理，要建立一套科学的制度，对兼职教师进行规范和管理，为学校的创新创业课程的顺利开展，按计划高质量地开展提供了保障。通过规范和管理兼职教师的行为，提升其学历和专业水平，建立全国范围内的一万名卓越的创新创业教师的人才数据库，从而极大地增强了创新创业教育的教师力量。

（2）建立创新创业教师培训制度。

目前，职业院校的学生在开展创新创业教育的过程中，普遍存在着一些问题，需要通过多种途径对学生进行创新创业教育。从目前来看，在诸多的师资培养途径中，学历培养是一条行之有效的途径，职业院校可以建立一套创新创业教师培养体系，对其进行培养，从而提升教师的自主学习能力和素质。在师资培养上，可以采取如下措施。

首先，“请进来”，也就是通过邀请相关的专业人士到高校开展高校的创新创业教学，使高校的教学人员既要了解高校的基本原理，又要具有高校的创新创业教学理念，从而使高校的教学人员能够更好地开展高校的教学工作。

其次，应“走出去”，积极与其他职校甚至是国外高职院校开展合作和交流，及时了解国际上的前沿动态，借鉴国际上的先进做法，提高师资队伍的素质。

最后，建立高校师资到企业实习的机制。创新创业教育工作，必须由有着丰富工作经历的老师来负责，让老师们深入产业和企业中去历练，提高他们的实际操作水平，同时还可以让老师们获得更多关于创业的经历，这也是一种可以提高老师的创新创业教育意识和能力的一种行之有效的方法。武汉软件工程学院在师资培养体系中就采取了这种方式，每年都会有一批老师被派往创业公司实习，以此来提升老师的理论和实际操作能力，这一做法是值得国内其他职业院校借鉴的。

2. 完善职业院校创新创业课程体系建设

（1）加强创新创业“隐形课程”的建设。

创新创业“隐形课程”，是一种以激发学生的创新创业意识为目的，从专门的创新创业教育课程中分离出来的一种课程，广泛地分布于职业教育的各学科中，如：非创新创业教育的公共必修课、专业课等。通过研究发现，在学校培养创新创业文化的方式中，设立了“创业教育课”“创业实训课”“就业指导课”等专门性创新创业类公共必修课或选修课。学校利用此类课程的开设和实施，对职业院校学生进行了学习，并对其进行了培训。然而，此类课程普遍存在着形式化、流于形式等问题，许多学生仅仅抱着学习的心态，在课堂上进行学习，实践成效不佳。要构建健全的教育教学系统，应注重培养学生的“隐性教育”，培养学生的“隐性教育”。“隐形课程”是一种激发学生思维，启发学生思考，鼓励学生提出批评和问题的教学方法。在课堂上，将学生作为学习的主要对象，运用案例分析等方法，让学生自己进行讨论，自己进行探究，最终实现学生多动手、多动脑、多思考的目标。在整个人才培养的过程中，要把创新创业教育作为一个整体来进行，同时要把对学生学习情况的评估从过去的以知识和技巧为主要内容的评估方式转变为以创新创业思维为主要内容的评估方式。

（2）加强技能训练和实践操作。

要开展创新创业活动，一定要具备创新思维和创新创业能力，而要想培养创新的思维和能力，就需要通过实践活动来实现。唯有在实际工作中，我们才可以不断地发现问题，找到解决问题的方法，总结经验方法，从而提高我们的思考水平，提高我们的工作能力。

在职业教育中，要培养大学生的创新思维，培养他们的创新创业精神，就要通过开展实习实习和强化技术培训。唯有在实际工作中，他们才会主动地去寻找问题，积极地思考，反复地尝试，寻找最佳的解决问题的途径。所以，职业院校应当增加创新创业实践类课程的比重，让职业院校的学生能够通过职业技能大赛、创业能力大赛、大学生实践创新训练计划、挑战杯等各种平台，来锻炼自己，并总结自己的方法与经验，从而提高自己的创新创业能力。

（3）重视创新创业校本教材的开发。

教材是课程建设的重要依托，创新创业课程的开展需要支撑性教材作为基础。

首先，在创新创业教学中，要注重实践性和实用性，强调学生“愿意学习、容易学习和理解”的特性，并加大对创新创业的“精细化”案例的比例。

其次，职业教育要与企业合作，开展课程内容的创新。职业院校能够充分利用校企合作的优势，加强与企业的合作，通过校企合作，共同开展创新创业课程和教学资源的开发工作，让创新创业教材的内容更好地与企业的职业标准相匹配，更好地与外部环境相匹配，让创新创业教材、课程具有针对性和灵活性。

第三，加强职业教育教学内容的建设。职业教育应加大对创新创业课程的财力、物力和人力等方面的投资，以确保课程的优质发展。

最后，职业院校要积极地组织编制出既有学校特点，也有专业特点的课程。比如，职业院校要主动地编制出一套适用于指导学生创业的校本读本，让这套课程不仅可以以专业文化为基础，还可以与创业文化相结合，可以有效地指导学生的创业实践。

第三节　职业院校创新创业孵化园建设

一、创业孵化园

对于创业孵化园，通常认为孵化园是一种适合我国经济发展的、有利于我国自主创业的环境，是我国新形势下，我国新企业诞生的“子宫”。《经济发展中的企业孵化器在发展中国家的初步评价》中详细而精确地介绍了孵化园，即一种人为控制的非自然的有利于中小企业成长和发展的特定环境，这种环境的首要功能是培育和创造新的企业，即支持企业的发展和经营。而孵化区则是孵化器的具体体现，是对创业公司诞生和成长的保驾护航。中小企业联合会作为一种新型的、有益于中小企业的新型社会团体，在一定程度上满足了其自身的需要。据相关材料显示，当今的社会，随着改革开放的不断拓展和深入，市场经济在深度和广度上都有了更大的发展。在这种情况下，仅有30%的中小企业得以幸免于倒闭，即使得到了孵化器园区的技术和知识援助，也仅有20%或更低的此类企业由于无法适应市场而无法生存。当前，创业孵化园具有三个突出特点：对创业项目进行仔细的甄别与严谨的审查，充分考虑到其可行性与发展潜力，并保证其处于初始状态，对此，孵化园可以无偿为其提供办公场地、设备设施等所需的帮助。此外，在相关的法律法规，政策规定的要求与指导下，孵化园可以筹集到所需要的资金，为创业项目，自主创业人员提供所需要的、各方面的服务，以确保他们可以正常发展，直至可以独立经营。最后，在创新创业知识与意识的指导下，设立孵化园，坚持自主创新，积极自主创业，在一定程度上，这种方法能够激发人们参与自主创新创业的激情和热情，提高他们的创业意识和能力，培养创新型创业型人才，促进中小微企业的数量与质量。

二、职业院校创业孵化园建设

职业院校的创业孵化园，是由职业院校创建的，或者是作为其主导创建的，它与大学中的创业孵化园的最大区别就是，它的本质属性和人才培养的目的都不一样。职业教育是高职教育的重要组成部分。因而，与之对应的，在设计和建造的过程中，也必须紧密结合其本身的特点进行定位。一般都是以校企合作为依托，认为为学生提供职业技能培训，并为企业提供支持，同时还往往要求老师起到领导的作用。有些技术革新也是为了满足公司的需要。所以，目前职业院校的大学生创业园区中，能够成功培育出具有实际意义的企业的寥寥无几。

三、职业院校创新创业孵化园建设对策

（一）职业院校创业孵化园建设目标要定位准确

长期以来，就业和创业作为仅有的两种选择存在于创业孵化园战略建设之中，职业院校也不例外。一种看法是，现在大学生的就业问题越来越不容忽视，许多大学生都面对着一毕业就找不到工作的窘境，为此，各个职业学院纷纷进行了创业教育，从而使得职业学院的创业孵化园区的含义转变为“促进就业”。在全国范围内，“鼓励大学生自己创业”的题目，在教育部的各个部门，都有提到。在理论上，许多学者在探讨大学生的就业问题时，也提及了对其进行创业教育的重要意义。从这个意义上讲，职业院校开设创业教育，创办企业孵化器，具有一定程度上的功利性和扩张性。但是，对大学生进行创业培训，是否可以成为一项根本性的工作呢？如果真的发生了这种情况，那么，不仅将使得创业教育成为一种短期的效用工程，而且还将大大削弱其长期效果。

党中央、国务院提出了“坚持中国特色社会主义创新之路，创建创新型国家”的宏伟目标，这给创业教育带来了新的生机。根据这一点可以看出，在狭义意义上，传统的创业教育主要是为了让大学生把自己投入到企业中去，进而促进他们的就业发展。但是，在新的情况下，广义的创业教育主要是为了让他们能够提高自己的自主创新意识，进而让他们的教育方法朝着素质教育方向发展。

因此，为了满足新形势下的创业教学的主体目的，使其能够作为职业院校毕业生的创业实习的标准和良好的载体，高校大学生创业实习基地的构建也要有新的内容。长期以来，职业院校在开展创业教育时，习惯于将增加就业机会当作其首要目的，然而，这种做法其实并不可行，盲目地追求就业机会，最终只能使两者都失去作用。与其如此，还不如转变思想，抓住创业教育的本质，建立创业孵化园，关键在于能否培养出学生的创新精神，促进他们的发展。这就是所谓的“授人以鱼不如授人以渔”。所以，

职业教育更要将对创业创新意识、创业创新思维、创业创新能力的创业创新型人才进行培养，并将其列为创业孵化园建设的首要目的，只有如此，才可以真正地培育出拥有创业创新思维的当代高级技术人才。

（二）职业院校学生创新创业教育要加强

1. 要转变教育观念

职业院校承担着新时期高校人才培养的重任，必须充分认识到高校人才培养的重要性。把创新创业教育提升到与专业文化教育同等的水平，以党中央、国务院及教育部门制定的大学生自主创业目标为重点，虽然各职业学校的水平不尽相同，但都要具备创新创业精神，并以之进行全过程的教学育人。

我们要学习的一个主要方式就是学习、吸收这些优秀的成功案例，在国外，大部分的职业学校都开展了一种与实际的创业情境紧密联系的教学方式，采取了一种切实可行的方式，让学生积极地参加，用模拟或者实际操作的方式，去调动他们内心对于创业的热情和渴望，有些经费相对充足的学校还会让有志于创业的同学自己去创业，让同学们在实际操作中体会到创业的困难。这样的教育方法，可以更容易地让学生对创业创新有所认知，进而更好地知道自己在哪个方面更感兴趣。很多国家都有很好的课程体系，课程体系也很完备，这些都是很有价值的。目前，我国职业院校已有不少优秀的大学生创业园区涌现，对职业院校的发展具有一定的参考价值。

2. 要不断完善人才综合素质评价体系

当前，高校的教学存在着“重教学而轻参与”“重课堂而轻现场”的现象，在对学生进行测试和评估时，更多关注的是他们对课本知识的记住程度，这就是一种应试教育，难以提升学生的综合素质。从人才培养的观点出发，职业教育更应当重视与职业技术岗位之间的紧密联系，因此，在教育考核中，创业创新所占的比例必须要迅速增加，而创业创新是转型为素质教育的一个重要方面，因此，将其列入到人才的综合测评之中，已经迫在眉睫。教育部的相关《意见》也对学生的素质和能力进行了详细的评估，包括了对学生的素质和能力的评估，从这一点上来说，当务之急是建立一套以创业和能力为核心的新的人才评估系统，并对其进行建设和改进。

3. 要完善课程体系设置

创新创业课程主要由两个部分组成。首先，把“创新创业”这门课列为一门必修的课，并让每个学生都参加。其次，将“一般”的创新创业教学与“特殊”教学相结合，突出主体教学的重点；通过专业的训练，能够更快更好地了解到创新创业的有关知识，提高了学生对创新创业的认知与热情，提高了其自主学习知识和社会实践的能力。同样的，要把与社会发展有关的新知识、新技能融入到创新创业课程的教学内容中，使学生可以更好地掌握更多的创新创业技能，进而在实践工作中获得发展。

4. 要重视师资队伍建设

一个优秀的教师，可以在学生学习的时候，给予他们最恰当的引导。如果没有一支知识丰富、实践能力强、教学水平高的老师队伍来进行引导，学生肯定会遭遇更多的挫折，要走更多的弯路，甚至会对创新创业这条路产生排斥。因此，在我国高校开展创新创业教育的过程中，必须加强师资力量建设，培养师资力量。

学校应该对创新创业课程的师资队伍给予足够的关注，挖掘出有才华的人才，比如可以聘用一些商业管理人士作为授课老师或者兼职，还可以邀请一些创业成功人士和知名校友来做定期的交流演讲。在此基础上，提出了一种新的、具有一定规律性和实践性的教育方法。

5. 要营造良好的创业文化氛围

文化对人的影响具有潜在的作用，因此应该在日常生活中进行推广，让创新创业的精神在人们心中生根发芽，让人们在每一个细小的环节中都能体会到创新创业的威力。将创新创业融入到生活、学习和娱乐之中，从而达到全面、多方位发展的育人目的。而且，示范的威力也是巨大的。依托创业孵化园，通过开展创新创业模拟大赛、奖励支持有志于创新创业并取得优异成绩的同学，提高了学生的自豪感，激发了学生的创新创业积极性，形成了一个良好的创新氛围。

（三）职业院校要依托创业孵化园积极开展校企合作

所谓的校企合作，是指以培养人才为终极目的的一种教育方式，它与学校、企业、院校主管、政府等有着紧密的联系，是一个系统工程。既要发挥学校庞大的教学资源优势，又要发挥与其截然不同的创业氛围，又要获得国家、高校管理机构等的大力扶持，多角度的扶持，以达到全面满足社会发展需要的人才。

自从《国家中长期教育改革和发展规划纲要》中提到要“创新与企业之间的协作方式，大力发展校企的协作关系”以来，我国的职业院校与企业之间开展了一系列的协作，并逐渐受到了社会各界的广泛重视，并逐渐形成了一个热门的话题。许多工业类职业院校都是由原来工业类的部门主办，或者由大企业主办。尽管在后来的发展中，许多学校都与上级机关分道扬镳，但仍有许多学校与原先的上级机关保持着较好的联系。一方面，很多高职院校虽然变成了由当地教育局下属的行政部门管理，但其优势专业仍以其产业专业为主，与原主管部门关系紧密。另一方面，大部分的行业职业学校有着比较长的发展历程，它们在开设专业课程和进行各类人才的培养时，都带有很强烈的产业色彩，因此与其他职业学校相比，它们在校企合作上有着比较明显的优点，但是它们之间的协作的深入程度、协作的具体方式和机制等方面都存在着差异。

在我国越来越重视学校和企业的职业教育，越来越注重校企合作的背景下，职业院校把握机遇，进行了崭新的探索。一些转型较早，发展较为成熟的产业型职业学校，为了充分利用自己的优势，已获得了“校企结合”的机会。

国务院要依托企业举办职业教育，继续在职业学校上下大力气，办好相关培训机构，由行业主管部门对其进行指导和协调，促进了众多高校与企业的相关合作。

比如，以下几种校企合作模式，对于职业院校创业孵化园建设都有着建设性的参考意义。

1. 基于产业园的校企合作模式

利用学校的教学用地，建造与主体专业相符的产业园，是职业教育的校企合作的一种方式，它必须经过当地政府的审批，之后再辅以有关的优惠政策，吸引众多的企业前来加入。在此过程中，以产业园为基础的校企合作模式，构建的平台能够高效地培育出多型人才，将研发、教学和服务等方面进行了深度的整合。从形式上看，它是一个集政府、产业、企业和职业院校为一体的多元协作方式。在此基础上，通过政策、财政等手段对其进行指导、扶持；产业管理人员作为媒体的桥梁；而高校和企业是贯彻各种政策的重要执行部门，对高素质的人才进行指导，为我国的社会主义现代化建设做出贡献。

将工业园区建立在高校内部，其目的在于为高校与企业的沟通提供无形的便利，拉近高校与企业的距离。从高职学院的观点来看，将公司搬到工业园区能够极大地降低高职学院的教育费用，这对于高职学院的学员的实践、培训、教育、教育等方面都具有非常重大的作用，在给高职学院提供一个接近于现实的培训场地的时候，也能够从公司中聘请一些专业人士担任兼职老师。站在企业的立场上，可以对学校的学生进行有针对性的、切合实际的考察，为公司的人才选择做好充分的准备，也可以在技术上出现困难的时候，利用学校的资源来帮助公司的发展，从而提高公司的总体竞争力。这种校企合作方式通过政府的优惠政策来增加各个公司的利益，从而增强学校的整体实力，并让学校在与学校的合作过程中处于领导位置。同时，学校还可以通过一些方式，比如：联合开发新课程、派遣专业人员进驻学校，对学生进行实习，并向他们提供有关技术等，将消极的态度转变成积极的态度，给学校的发展带来了更加宽广的前景。

2. 校企共建技术研究中心模式

技术研发中心是由大型企业或集团以此为依托，进行相关的技术研发，在企业的创新和发展过程中起着举足轻重的作用。与传统模式下的技术科和相关研究所不同，技术中心不仅参与了产品的研发，还可以对其产品的后续经济效益进行研究和追踪，从而更好地将科技创新与企业发展结合起来。与职业院校“校企”合作，为职业教育展创造了良好的环境。

通过这种方法，与技术研究中心进行合作，可以取得很多好处。一方面，高职院校能够通过与企业的协作，为学员们提供多样化的学习途径，并通过彼此之间的沟通，不断完善自己的教育体系，进而提升自己的教育质量，培养出更优秀的技术人才。另一与公司的联合研发，则能使已有的师资队伍得到最大程度的提升，从而提升其实践能力，提升其学习效果。透过不断的合作，将最新的科技及技艺适时地教授给学生，使本校的教学水准得以提升。

3. 校企共建学生工作室模式

与此同时，学校与企业之间还可以设立研究工作室，通过此模式，在此基础上，通过对学生的教学，提升其实践能力与技术水平，也是一种学校与企业合作，共同培养人才的途径。对于培养高校学生的团队协作精神，增强学生在有关技术和产品方面的运用，提升学生的设计水平，都有着十分积极的作用。1919 年，德国包豪斯大学开始使用该方法，培养出一大群产业界的精英，以及一代又一代建筑大师。这些都是以工程学为核心的。

学校与企业共建的工作室，能够在进行项目研发的过程中，更好地培养出了优秀的人才。在企业与职业院校合作中，不仅实现了资源共享，还实现了风险共担，实现了利益共赢，每个人都有自己的职责，都有自己的贡献。在实际运作中，通常都是公司提供相关的资源，而学校将其转化为教育，或者与教育相结合，建立一个社会的教育体系，以实现学校的整体目标。在教学设计上，应考虑到多方面的影响，重视创新精神和实践技能的训练。在实习中，要让同学们真实地参与到公司的生产中去，经过生产培训，让同学们在既掌握了专业知识，又具备了进行创新科研的能力，如此，才可以让学校真正地培养出一种社会所需的综合性、创新性人才。只有这样，职业教育才能真正实现真正意义上的“理论”和“实践”。在以上几种协作方式中，此方式费用最低，且具有较强的灵活性，适用于大部分高职学校，其管理难度也较低，还能兼顾师生的培养。同时，它还能作为企业孵化区，实现教育和经济的协调发展。在此基础上，本文提出了一种基于高职教育的企业与企业协同发展的新思路。假如以创业孵化园为基础，能够顺利地完成校企合作，这将为职业院校设立创业孵化园创造了有利的环境和条件，只有在产业企业的积极参与下，职业院校创业孵化园的发展，它的作用也会被最大限度地发挥出来。

第四节 职业院校创新创业活动开展及管理研究

一、校园生活与创新创业活动

学院的校园文化对于提升学生的创造力起到了很大的促进作用，怎样才能更好地指导学生参加高校的校园文化，使他们在参加的过程中能够更好地进行创造力的培育和训练，这是目前我们在进行高校的校园文化建设时要考虑的问题。

（一）参与社团创新活动

社团活动基于兴趣，将具有相同兴趣爱好的同学聚集在一起，为他们发现、发展和挖掘自己的兴趣、潜力和特长提供了一个有利的环境，社团的存在很好地体现了因材施教这一理念。

高校体育社团是高校体育教育中不可或缺的一环，它在高校体育教学中发挥着重要的作用。大学生参与社团活动，不仅能够缓解自己的压力，让自己的情绪得以放松，而且还能够在与他人交往的过程中，对自己的好奇心、自尊心等心理需求进行满足，为大学生的情感和健康个性的培养提供一个良好的环境。

大学生的课余生活十分丰富，要想对大学生的创新精神进行有效的培养，高职教育提倡大学生以自己的兴趣和特长为基础，与自己的专业相联系，加入或者组建各种科研协会或兴趣小组，例如：发明协会、机械创新协会、创造协会、机器人兴趣小组、创业兴趣小组等，让学生在参与的过程中，不断地提升自己的综合素质和综合能力。

在社团中，可以营造出一种自我教育、自我发展、自我管理、自我约束的良好气氛，这种气氛既有助于学生的创造力的培养，也有助于学生的领导才能和工作才能的提升。

（二）参与创新竞赛

高校创新比赛已成为高校创新教育的一种有效方式。通过“挑战杯”比赛的案例分析，分析了“创新比赛”在高校学生创造力培养中的重要作用。

“挑战杯”是一场由中国科协、教育部和全国学联共同举办的具有示范性、导向性和群众性的全国性比赛。“挑战杯”竞赛打破了以往教学中注重知识而忽视能力的缺陷，不仅对学生的专业知识提出了较高的要求，而且对学生的科研能力也提出了较高的要求，这对于培养学生的科研能力，培养他们的创造性思考和创造性行为是非常有益的，现代大学生要通过扩大自己的知识面，善于发现和应用知识，来满足社会的发展需求。此外，“挑战杯”竞赛还架构了课堂教学与创造教育的联系，使创造教育变得更加丰富多彩；“挑战杯”比赛一般都是在空闲的时候进行，可以让同学们按照自己的喜好、专业来进行科研，这样可以极大地提高同学们的创造力和科研热情，而且，通过“挑战杯”比赛，也可以形成一种良好的学习环境，培养同学们的创造力，培养他们的创新思维。

（三）在毕业设计中，训练大学生创新能力

在科研实践中，在毕业设计（论文）中，在发明创造和专利申请中，要主动地参加各类形式的创新实践活动，提高自己的创新能力。

1. 在参与科研项目中提升创新能力

身为一名大学生，在参加研究课题时，往往不能仅凭自己所学习到的专业知识和技术来进行问题的处理，很多关键的实际知识在课堂上也许根本就没有被教授过，获得的经验也很少。这时候，导师的引导就非常关键了。高校学生通过参加课题研究来提高自己的创造力，而导师课题研究则为他们的研究工作提供了很好的理论基础和实际操作平台。高校学生参加科学研究课题，其创造力的提高体现在两个层面上。

（1）培育学生的创造性思考能力。大学生可以在老师课题组中展开导向性的科研实践活动，这是一种与研究生相似的实践教学和培养方式，当学生对科研项目产生了浓厚的兴趣的时候，就可以指导他们去发现在科研项目中存在的问题，然后再去分析和解决问题。在以学生为主体的创新实践中，使他们能够及时地掌握科学技术的发展动态，并能及时地接触到该领域的新技术、新方法和新思想，从而能够构建出一个相对完整的知识体系。它既能加强学生与导师的交流，又能激励学生的创造性思考，有助于将学生的理论与实际工作相融合。

（2）培育学生的创造性和实用性。参与科学研究是培养学生动手操作技能的主要途径。高校学生在参加科学研究课题时，首先要有自己的实践经验，其次要有自己的实践经验，最后还要有自己的实践经验。在此基础上，通过对学生进行自主学习，培养学生的创造性实践技能，培养学生创造性科学素质。研究课题能够为高校学生的科学研究提供一个良好的实习和研究的平台。

研究平台上的实验设备和仪器设备，相对于普通的实验设备来说，都是非常先进的。为提高高校学生的科学研究动手能力奠定了坚实的物质基础。先进的设备对大学生的好奇心、探究兴趣和求知欲望也有很大的帮助，而只有这样的好奇心，才会推动他们进行更加深入的创新研究，从而产生出创新的火花。

2. 在毕业论文（设计）中提升创新能力

毕业论文（设计）是一项对各种知识和能力进行全面应用的实践活动。综合素质评价的目的、效果、过程和形式，都使综合素质评价具有独特的发展优势。在这个项目中，学生们可以进行创造性思维的培训，可以构想出创造性的方案，可以培养他们的创造力，可以感受到创造性的快乐，还可以共享创造性的结果。毕业论文并非只是一种单纯的文字表述，文字表述和创作才是其最终的完成过程。在这一过程中，需要经过问题的发现与提出，文献的搜集与整理，概念的产生与确定，学术命题的提出与研究方法的选择五个步骤。在这几个方面都有创新。毕业论文（设计）在高校学生的创新实践中具有如下功能。

（1）在论文选题过程中培养创新能力。

毕业论文（方案）要突出课题的可行性、新颖性和创新性。所以，选择一个合适的题目，既是研究创新的出发点，也是研究创新的重点。

一是要熟练应用批判思维，自觉地发展自己的眼界，并将所看到的与所学的东西结合在一起进行思索。

二是要锻炼自己的发散思考的技能，以思考的焦点为切入点，以多个视角进行思考，以多种方式，从多个方面对所选择的题目进行考察分析，突破传统的思考模式的束缚，突破传统的思考模式的制约，抓住思考的靶子，找到创意的突破口，发掘创意的苗头，将选题的多维发展起来。

（2）在文献综述过程中培养创新能力。

在论文的研究过程中，要有良好的提问能力，有能力对论文的论证过程进行分析和判断，并对结论进行评价。具有批判性思维的文献回顾，除了要了解关于某一事物的结论，还要考察由此得出这一结论的根据，可以把自己对事物的推断当作有待证实的假设，仔细地进行检验，去伪求真，乃至颠覆整个假设。

（3）在论证过程中培养创新能力。

要培养在论证中的创造力，就必须要有一个好的思考质量，它不但要对所提的问题作出简单的肯定或者否定的答复，还要以事实和论证为依据，从而发展出敏锐的观察力、丰富的想象力、较强的动手能力、定量的数量分析以及严谨的逻辑推理能力，并以此来构建清晰的证据，从而得到自己的观点。

（4）在结论推导过程中培养创新能力。

在论文（设计）实践中的结论演绎过程，指的是以文章前面的文献综述、研究结果讨论、研究带来的意义和对未来研究的建议为基础，展开的一系列的综合概括，能够充分地将创新思维的结构要素，如怀疑精神、宽容精神等表现出来。

3. 在发明创造、专利申请过程中，提升创新能力

大学毕业生进行发明并不是一种很难做到的工作，也并不是一种很神秘的工作。只有将所有的自然科学知识都结合起来，掌握了一定的创新技巧和方法，再加上教师的引导和学生的协助，才有可能取得研究成果。稍微了解一下，然后根据说明书，撰写相应的专利文档。

在“做发明”与“专利”的活动中，学生能够培养自己的创造力，体验创造力的快乐，并且能够得到创造性的结果。

二、职业院校学生创新创业活动及项目管理的基本理论

（一）大学生创新创业活动的相关内容

1. 创新创业活动的定义与内容

1912年，一位奥地利裔的美国经济学家顺彼得，在他的著作《经济发展理论》中，第一次从经济学的视角，使用了“创新”这一术语。它的本义是“引进新观念，创造新事物”。他相信，创新是经济发展的本质，也是最基本的一种现象，一个国家的发展，最重要的就是要有一个新的想法，一个新的发明，如果它具备了一定的市场价值，那么它就会被称为一种创新。因此，科技创新是企业成功的基础。对于“创造”这个概念，许多国内学者也从各个方面给予了“创造”这个概念的解读与界定。利用现有的知识及有关资料，进行创新或引入具有实际意义的新东西；对一个机构内外有关的新的改变采取适应的态度；这些都是新的东西，例如新的做法、新的产品、新的想法；把新观念转化为实际行为。从这些较为典型的概念中，我们可以看到：创新从思想到实践，

创造出新事物的过程。在一定程度上，企业的创新就是企业内部和外部环境不断改变的一个过程。综上所述，我们可以得出这样的结论：创新是一种创造的过程，它就是将原来的或者现存的东西进行扩展和改变，然后再进行重组，从而产生与原来的东西不一样的新东西。

《英汉双解剑桥国际英语词典》对“创业”一词的解释是：一种商业组织或一种可盈利的计划。而被誉为“创业教育之父”的蒂蒙斯则在他的一本书中指出，“创业精神并不等同于开创一家新公司，也不等同于创造工作岗位和从社会上募集资本，更不等同于创新、创造和突破。”南开大学张玉利教授在多年的企业经营理论和理论基础上，提出“创新是企业的本源，创业是企业创新的具体体现”的观点。“创业精神的实质是把所有可用的资源以一种创新的方式重组，而非简单地建立一家新公司。”

以已有的文献资料为依据，目前国内外有不少学者对创业和创业理论展开过系统研究，在不同领域内，分别用不同的研究视角进行探讨。例如，从经济学、金融学、商业伦理、管理学、社会学、心理学、法学、教育学等学派的观点出发，运用本领域的有关名词和概念，对创业进行了观察和研究，并提出了各种主要观点，最后形成了风险学派、领导学派、创新学派、认知学派、社会学派、管理学派、战略学派和机会学派。无论是什么流派，其核心思想都是：创业是一种通过组织、领导来创造新的公司或开发新的产品来完成的市场活动，其核心是创业和创新。

总之，我们可以把创业看成是一种营销行为，即通过研究一种新产品，可以为人们带来财富，组织、领导和开办一家可以盈利的新公司，并为其提供相应的工作机会，进而达到对个人和社会的需要。简单地说，就是把创造性创新高效地转变为经济效益的一系列活动。

2. 大学生创新创业模式

创业方式的确立、创业行为的选择和创业形态的组织构成是创业模式的三个重要因素。创业者根据自身特点、资金来源以及自身需要，对以上三大要素进行合理的选择和配置，这就是创业模式。

朱永华、许霞等人的《大学生创业模式调查分析》指出，创业模式是创业者通过对创业组织形式、创业组织方式、创业方式三个主要因素的理性分配与再组合，以维护自己的创业权利。高校毕业生的创业形态是指在一定的情境下，他们对各种创业要素的组合与整合方式做出的一种抉择与决定。本文重点探讨了我国高校毕业生的三种不同类型的创业方式：股份制小公司、加盟连锁和个体工商户。娄季春在其《大学生创业模式探析》一文中，总结了目前高校学生创业的 7 种主要形式：技术型、资本型、项目型、管理型、加盟型、服务型和团队型。根据彭小媚和陈祖新的《大学生创业模式探讨》一文，目前可以将大学生创业的几种方式归纳为四种：代理加盟型、公司股份制型、创业基地型、创业基地型和挂靠型。万细梅和朱光喜的《我国大学生创业模式探析》认为：模拟孵化型、概念性创新型、技术风险型、差异性扩张型、累积演化型和连锁复制型等6种典型的创业方式。蔡敬聪与梅天笑所著的《给你几个创业模式》一文中，指出：加盟型创业、网路型创业、抓住商机型创业、校园型创业、专长型创业、兴趣型创业、创新型创业等等，是目前最常用的创业模式。

在此基础上，本文提出了两种类型的企业类型，即生产类型和服务类型。生产性行业，也就是第二行业，其特点是直接生产和生产一定的有价值的商品；服务业也就是第三产业，它的特点是以满足社会和个人的生产生活需要为其提供方便。而从目前的社会需求和当前的经济形势来看，较为适宜的方式主要有五种：①传统店面。它的业务范围很广，涵盖了餐饮、服装、饰物、日常百货、特种产品等所有的生活用品，它属于一种进入门槛比较低的创业模式，通常所需的起步资金也比较少；②加盟连锁。通过加盟的方式来进行企业的经营，可以通过已经建立起来的品牌来对自己的产品进行推广，这样可以节省很多的宣传资金，属于一种比较安全的创业方法，但是它的缺陷是所需的初始资金通常比较高。如网店、微商等，它们与传统的小店相比，具有更低的起始资本，并且对企业家的技术有更高的要求；④股份有限公司。需要在企业中拥有一定的启动资金，有一定的社会经验和人脉关系，属于一种比较复杂的创业方式。⑤自由职业。本项目为具有特殊专业技能的企业家提供服务，如：翻译、辅导机构、自由作家、美术老师等。另外，从另外一个角度来划分，它还可以被划分为六种创业方式：累积演化式创业、依附式创业、知识风险型创业、互联网创业、继承家族产业、旅行App。

（二）项目管理的定义与内容、方法

1. 项目管理的定义

在《ISO10006，项目管理指南》中，国际标准化机构将项目界定为：一种特殊的程序，它是一种能够满足时间、成本、资源等要求，并有一个清晰的起始和终止时间，它是一种由一系列互相配合、互相制约的行为所构成的程序。项目管理就是为了实现项目的目的，在一个持续的进程中，全面地规划、组织、监督和控制项目的各个构成元素和资源。美国工程管理学会（PMI）对工程的界定是：工程是为了实现一种独特的产品、结果或服务而进行的一系列临时工作。而项目管理就是将开始、计划、实施、控制、结束五个阶段，对一个项目进行全面、有效的管理。

按照戚安邦、张连营等主编的《项目管理概论》的定义，“项目管理”一种组织，通过运用一定的管理知识、方法、工具、技术，从启动、计划、组织、控制到完工，在一定的人力，时间等条件下完成的一种管理活动。工程设计具有七个特点：目的性，一次性，过程性，独特性，风险性，制约性和其它特性。项目的类型可划分成四大类，即：全封闭性项目、半封闭性项目、半开放性项目、全开放性项目。在此基础上，提出了从启动、规划、实施、控制、收尾五个环节对全流程各要素进行全面的协调与监督的观点。

2. 项目管理的内容

由戚安邦和张连营等人编写的《项目管理概论》一书中指出，“工程管理”就是以科学的方式，使工程的各项指标达到最优。而管理科学化的四个因素分别是：将复杂的工程简简化、将工作进行数量化、将工作进行量化、将工作进行了量化、将工作进行了程序化、将工作进行了模块化。专门性、独特性和程序性是最重要的三个特征，其他特征包括共性、整合性和创新性等。

十一大知识领域组成了现代工程项目管理的知识系统：①工程项目的规模管理，即工程项目的计划、安排、确定、控制及变更的管理工作；②工程的时间管理，其中包含工程的定时（也就是工程的日程）和时段指标（也就是工期）的管理；③工程造价，包括工程造价的编制，工程造价的估算和预算，工程造价的监控和更改；④工程质量控制，主要是指工程工作的质量控制和工程产出的控制；⑤工程综合管理，主要是制定工程综合计划、执行、管理和控制工程综合计划；⑥工程人员的人事管理，主要内容有：计划、招聘和配置、组织和发展等；⑦负责项目交流，包含交流需求的确认，处理和处理，汇报等内容；⑧风险控制：风险计划、风险辨识、风险定性定量分析、风险应对和控制；⑨工程采购，包括采购计划、采购需求、采购资源等；0 项目组织管理：由所有有关的项目参与者组成的整个项目小组的组织管理工作，项目执行机构的组织管理工作，项目经理的组织管理工作；负责项目的前期决定，后期决定等工作。

3. 项目管理的方法

项目管理分为三个方面：阶段化管理、量化管理和优化管理，是指在项目活动从立项到实施的全过程中，运用专业的理论知识和技术，采用专业的工具和方法，在有限的资源约束下，对其进行最优的组合，以实现预期的目标。

项目管理法是在项目运作中，对项目范围、时间、风险、质量、费用等五个因素进行有效的控制，并按照“项目→工作→事故”的思路，“自上而下”地对项目的资源和参与项目的人员进行合理配置的一种管理方法。并按照“事件→工作→工程”的思路，采用“自下而上”的方法，将工程在实施中所生成的各种数据进行了数字化总结。这种资料可以用图形表示，也就是实施项目的手段。

计划与执行力项目经营的两大职能，计划具有预测职能、决策职能、计划职能、组织职能和交流职能；执行力由沟通，协调，激励，控制四大功能组成。项目管理实施采用的是更广泛的项目生命周期方法，通常是对项目启动、计划、实施、控制、收尾的实施过程进行全面的管理，本书的研究采用的就是生命周期的方法。

伴随着科学技术的进步，研究人员运用计算机技术，持续地对项目管理的方法进行了扩展，其他一些比较常用的项目管理方法包括：① WBS 工作分解结构方法，也就是把项目划分为：项目—任务—工作—日常活动或项目—子项目—任务—工作包（项目可交付成果）的结构，以此来对项目工作进度进行调度。②甘特图，将工作计划以横线的形式排列在时间表上，便于对工程进行时间管理；③ CPM 的“关键性路线”方法，也叫“网规划方法”；④ PERT 方案审核技术，也叫决定网技术，它可以被划分为单代号和双代号的两类，不管是单代号的两类，它都由三个基本元素组成：节点、箭头、线。双代号网是一种不确定的网，适合于新的、有很多不确定性的、复杂的工程，它具有很强的实用性；⑤ GERT 图像审查方法，又称为分析方法或模拟方法。项目管理是一种崭新的管理方式，它被越来越多地运用于各方面，但也在不断地增加着各种各样的新方法，例如：香蕉曲线控制图、S 曲线控制法、项目责任控制图、直方图控制法、控制图控制法、鱼骨刺图、决策树、项目财务评价、项目融资、评价指标体系法、里程碑计划、偏差分析法等。

三、将项目管理引入职业院校学生创新创业活动管理的必要性与可行性

（一）必要性分析

1. 引入项目管理，有助于改变学生活动管理效率不高等问题

长期以来，由于受到过去传统工作方法的限制，很多职业院校对学生活动的管理工作仅有一套单一的评价体系，而且还存在着把学生活动的数目和规模当作评价工作成效的重要因素的缺陷，导致了学生活动的品质和效率不高，存在着大量的重复建设，缺乏实效。在此基础上，结合职业教育教学实践，提出了教学改革中存在的问题，并提出了相应的对策。专案经营着重于专案之专案，透过对专案之执行进行整体之评估与评估，并对专案进行适当之评估后，方可执行。同时，这种一次工程的管理方式，也能最大程度地防止出现重复施工的情况。在项目管理过程中，要确保管理工作的成

效，就需要在计划阶段就把目标、人员、时间、费用等细节问题明确好，在计划阶段，根据及时的反馈，对项目做出相应的调整，或对项目计划做出相应的修改，以确保项目的进度和质量。这对于加强高校学生工作具有重要的现实意义。

2. 引入项目管理，有助于促进学生创新能力的发挥

项目活动策划是利用了小组的成员们，在他们自己产生的观点和想法的方式，在进行项目开发与规划的过程中，能够更好地发挥出参与项目活动的学生的创新能力。学生的创新创业活动是在学生活动管理工作者的指导下，以独立自主的方式进行的，因此，项目活动的参与者必须具有一定的主观能动性和热情，这一特征就意味着，在职业院校中，大学生的创新创业活动管理工作拥有充足的自主发展的空间，要具有足够的独特性和创造性。作为项目管理的一个关键环节，项目团队的构建需要具有创造性和高绩效。将项目管理理论、方法引入到大学生创新创业活动中，并以大学生创新创业活动的特点为依据，在有限的人力、物力、财力等条件约束下，进行计划、组织、控制的全程化管理，既可以整合资源，又可以增强师生、生生之间的沟通交流，调动项目成员的积极性，激发大学生项目参与的热情，达到最优化的目的。

3. 引入项目管理，有助于提高大学生创新创业活动管理水平

项目管理是指在项目实施中，采用计划、组织、控制和评估等方式，对项目实施全过程进行全面的管理，以达到项目的目的。在职业院校的创新创业中，他们也同时具有项目周期等基本特性。因此，我们也可以将现代项目管理的方法应用到高职学生的创新创业活动中。利用在项目管理中的项目生命周期理论，目标管理、沟通管理、风险管理等理念，对大学生创新创业活动的项目管理进行强化。此外，还将项目过程管理中的启动、规划、执行、监控和收尾这五个流程相结合，从而实现全面提升大学生创新创业活动管理水平的目标。

4. 引入项目管理，有助于培养团队成员的团队意识

与项目活动一样，大学生的创新创业活动也是有目标的，而且还会受到时间、资源、成本等多方面的限制，需要尽可能地达到多个方面，包括项目利益相关方的多种需求。例如，项目管理对项目步骤、项目进度、项目工作范围、绩效与项目利益相关方满意度等都有明确的规定，并强调根据计划进度进行，用个具体细化的职责，将其分配到各个项目组及个人，培养团队成员的团队意识，增强其责任意识，进而提高团队的凝聚力。

5. 引入项目管理，有助于提高管理效果

将并强化项目管理的观念和方法，将其应用到职业院校创新创业活动中，增强并改进其工作状态，并对其进行有效地控制，从而保证了职业院校创新创业活动项目可以高质量地按照进度计划进行。在整个过程中，加强了企业内部的信息交流，从而达到了对企业进行有效监管的目的，从而提升了企业的经营效率。

同时，要加强对职业院校管理人员的培训，加强对职业院校学生管理人员的培训。目前我国职业教育中，对学生的工作一般都是一板一眼，缺乏主动性，容易因循守旧，这对职业教育的创新发展是不利的。在实施项目管理的过程中，要求学生管理工作者充分发挥自己的工作热情，在工作中磨练自己的思维，培育自己的上进心和竞争意识，在活动组织、策划和参加活动过程中提升自己的创新能力，进而提升自己的学生管理工作者的总体质量。

（二）可行性分析

创新创业活动是一种价值创造过程，而项目管理则是一种以过程为基础的管理方式。两者间存在许多共同之处。例如，可以利用项目范围理论来帮助我们界定职业院校大学生创新创业项目活动的范围；借鉴项目管理人力资源理论来帮助我们组建和管理大学生创新创业活动项目团队；运用项目风险管理理论来帮助我们分析和控制大学生创新创业活动过程中可能面临的风险；运用项目生命周期理论对大学生创新创业活动的全过程进行有效监督和指导。

1. 管理目标层面存在的可行性

在项目管理中，从目标的角度看，往往采用多层次的目标管理模式。该方法将工程分解为若干子工程，使各子工程参与方能够更好地实现总体目标。大学生创新创业活动的目标，主要是指大学生所从事的管理工作，通过目标分解的方法，将活动分解为一项一项的目标，在这个过程中，始终将目标的实现作为大学生组织与活动的原则，从而使项目管理的目的性得到了充分的体现。

2. 管理过程层面存在的可行性

从创新创业活动管理与项目管理的流程来看，它包括了启动、规划、执行、控制及收尾五个流程，其中每个流程与其他流程都要适当地配合。而大学生创新创业活动也要经过五个步骤，分别是：启动、策划、实施、监督和收尾，这个过程也需要相互协调。

3. 管理成果层面存在的可行性

从企业的创新和企业的经营结果来看，企业的经营结果以产生独特的、可产出的产品为目的。工程的独特之处在于可交付物的显著特点。同时，高校的创新创业活动也对高校的创新创业活动提出了更高的要求。从创新创业活动管理与项目管理的目标性角度来观察，项目管理的目标管理体系是：将成果目标与约束目标进行结合，重视项目信息收集与组织成员的自我控制，重视与各个相关部门的良好沟通与协调。一场成功的大学生创新创业竞赛，必须要有不同的领导和不同的部门之间的交流和配合，以达到激励和限制的目的。从创新创业活动管理与项目管理的时效性角度来观察，项目管理需要在项目实施的整个过程中，对资源进行充分、高效地调度，并对时间进行控制，从而达到最大的收益和最大的效率。对于大学生的各种活动，尤其是大学生创新创业竞赛活动，必须对其进行充分的规划与调控，方能发挥出最佳的效益。

4. 资源配置层面存在的可行性

从创新创业活动管理与项目管理的资源分配的角度来看，项目管理需要在管理方法上对资源进行更多的优化，从而减少项目运营成本。在高校的实践中，高校的创新创业活动也是如此，要想实现这一目标，就必须对已有的各种资源进行合理的整合，从而达到最大限度地节约资金的目的。

5. 预防风险层面存在的可行性

从创新创业活动管理与项目管理的风险角度来看，项目管理需要运用多种管理方法和技术手段，比如风险识别、风险控制等，从而对项目活动中的风险展开有效的预测和控制，从而尽可能减少项目风险。高校的创新创业竞赛和高校的各项体育竞赛一样，都是高校的一项重要活动。同时，我们还可以运用项目管理中的项目风险的方法与技术，来实现对创新创业活动项目的风险的有效控制。

在此基础上，提出了在高校实施“项目化”的思路和方法。在大学生的各种活动尤其是创新创业类活动的管理工作中，将项目管理的方式运用到了大学生的各种活动中，可以有效地减少活动的费用，并使其最大程度地提升了组织的效率。借鉴项目管理理论指导大学生创新创业活动是完全可行的。

四、改进职业院校学生创新创业活动管理的对策

（一）转变观念加强对创新创业活动的领导

1. 积极转变观念

“观念”这个词语来自希腊，在英文中经常使用“idea”这个词语，意思是“有

形的影像”“永恒的现实”。《辞海》将其诠释为：人类经过漫长的社会、社会、经济活动，对主体、客体两个方面所作的一种整体的的理解。它也被翻译成“理念”一词。在此，我们可以说，思想是一种形态，思想是一种根本。而“观念”这个词，在中文定义中，往往与理想、信念相关联，它是一个人或者一个团体对于人和人、人和物的关系的基本观点，它不仅是一个人或者一个团体对一件事情的一种直观的判断，它还是一个关于一件事情的内部逻辑系统的定义，也是对事物理性认识的综合观念，是事物发展方向的指导思想。

伴随着高校体制的变革，国家把高校分为“学术型”和“应用型”两种类型，少数具有一定研究实力的职业学校被称为“研究型学校”，其培养对象以学生的研究和创造能力为重点；其余职业院校和职业类院校列为应用型职业院校，以学生的实践能力、就业能力及创业能力为培养对象。在应用教育的目的下，高职教育更应该在人才培养的方式上寻找一条符合自己实际情况的路，因此，开展各种大学生的各种活动就是一种行之有效的方式。不同类型的高职学生的活动管理工作可以划分为两种类型：一种是以重复工作为主的生活管理工作；另外一种是以无重复的工作为特点的“临时工作”。两者的不同之处是：日常经营工作具有持续、重复的特征，而工程经营工作具有临时、特殊的特征。从项目特征的比较可以看出，在职业院校学生的活动管理工作中，很多工作内容都具有独特性、目的性、条件约束性、时限性等特征。鉴于上述特点，职业院校的学生活动组织管理工作者首先要做的工作就是利用创造性思维，对哪些工作可以当做“项目”进行分析和判断，从而使其能够在学生的活动管理工作中得到有效地应用。

2. 加强活动领导

现代项目管理为职业学生的创新创业活动提供了一种全新的思路、观念和创造力。这就要求我们要改变思想，强化对企业的领导。比如，制定了一套标准化的实施细则，对每一个项目进行标准化的执行，对管理流程中的每一个环节都要进行严格的控制，使整体管理的效果得到最大程度的体现，将沟通管理、人力资源管理和物流管理有机地融合在一起，从而提升了时间管理和成本管理以及质量管理与风险管理的效率。

要创新教学思想，转变教学思想，以适应地方经济和社会发展、产教结合、校企结合为宗旨。培养下得去、坐得住的应用型高质量高技术人才，提升学生在当前大环境下的竞争力和创造力。针对“创业”、“民族文化”等高校学生开设了一系列的公共选修课，并强化了案例教学和实践教学。高校应积极开展“大学生创新创业”活动。可以从创新创业课程体系的设计与构建入手，将创新创业教育课与学分管理相结合，运用个性化的辅导与咨询，促进就业创业指导教师的专业化与专门化。

尤其需要指出的是，在将项目化与常规化相结合的过程中，如何发挥项目化的优势。在高职高专毕业生的创新创业实践中，运用项目管理的思维与方法，是一项长期而艰巨的任务，不可急于求成。

（二）加大对创新创业活动的资金投入

应该增设创新创业活动专项经费。

创业是一项十分复杂的活动，其成功与否受到市场环境、国家与地方政策制度、资金投入、家庭支持以及创业者个人能力与素质等多方面因素的共同作用。相对于市场型企业，职业院校的创新创业行为虽然同样存在着以上几个方面的问题，但是其风险主要集中在技术、市场型企业和管理型企业三方面。因此，大学必须有足够的资金支持，才能进行各项创新与创业活动。

在人才、物质和资金上，为企业的创新和经营提供更多的支持。在人才和物质的支撑上，我们可以加大对老师的培养力度，并邀请有成的校友、企业家到校开展各类的培训讲座，在设计创业管理课程的时候，还可以将国家资金扶持政策的知识介绍和融资等方面的金融理论知识融合进去。在资金方面，要加大对设备的投入力度，设立专项资金扶持资金，为科技创新、创业等提供资金保障。例如，可以给指导老师一些补偿，对于已经申报立项的创新创业活动，给予一些启动基金，保证其顺利开展，提高师生的积极性。

（三）将项目管理方法引入大学生创新创业活动管理

1. 将项目管理引入大学生创新创业活动管理

将项目管理理念引入到大学生创新创业类活动中，就是对大学生创新创业活动管理工作在性质的认知，对大学生创新创业类活动工作目标、工作方法的认识。

将项目管理运用到大学生创新创业活动的管理中，就是运用项目管理的原则和方法，结合大学生创新创业活动的具体内容，在实施过程中，要加强总体的管理，要对活动的时间、范围、成本、质量等进行有效的控制，并要有目的的配置工作人员，以此来对公司的组织结构进行调整，提升活动的质量。在此基础上，将高校学生的创新创业过程分为五个阶段：启动阶段、规划阶段、执行阶段、控制阶段和结束阶段。并根据此分类方法，对其基本规律进行了研究，从而对职业院校学生创新创业活动的项目管理进行了初步探讨。

在本文中，作者赞同王建武关于“大学生创新创业”的“计划管理”的观点，并将其归纳为以下几点。

大学生创新创业活动的项目管理包括策划、实施、收尾（评价）三个方面。首先，从项目的创意策划、项目时间、项目范围和项目成本四个方面阐述了高校学生创新创业活动项目策划的基本原理。第二部分为项目管理的应用，其重点包括：项目管理（项目范围、项目进度、成本、质量）、风险管理、人员管理等等。第三，对收尾（评价）下的大学生创新创业行为（评价）进行了研究。要顺利地实现项目的目标，就必须在各类学生活动中，在活动项目计划实施中，对所有项目资源进行统一管理，以保证各项项目任务顺利完成。其中，项目策划理论可通俗地称为“项目策划‘5W1H’理论”，即：what 项目做什么；how 如何去做；who 由谁去做；when 在何时做；where 在何地做；how much 费用如何。

2. 在大学生创新创业类活动中应用项目管理

（1）引入项目人力资源管理机制。

由职业院校就业指导中心的工作人员作为其主要负责人，对创新创业项目活动的招标、评审、监管、考核等进行科学化的管理。根据企业的实际情况，以创业协会的学生干部为常务秘书，将人员编设置在一个合理的范围内，协助学校就业指导中心工作人员、辅导员、团总支书记等管理人员完成日常工作，成立项目活动评审委员会、项目部、监督小组等有关的机构，并做好项目活动的招标、评定、监管与信息存储。项目活动评审委员会负责对工程进行招标与审批，其审批的内容包括：项目活动的人力资源配置、范围控制、时间控制、成本控制、风险控制等同时，还要对项目进度、项目质量以及项目经费的使用进行实时监督和管理，项目部主要负责项目的组织与执行，完成项目的报批、跟进与评价。

（2）引进项目管理模式。

学院就业指导中心引入项目管理后，从“直接指导”转变为“招标审核”“监督评估”。将学校就业指导中心作为甲方，将大学生创新创业活动的团队负责人作为乙方，活动双方进一步对活动的责、权、利进行了明确，确保在活动进行的时候，事情有其责，人有其职。利用各种活动项目在前期的公开招标与评审，让大学生与活动组织部门真正处于平等的位置上，这有助于提升大学生创新创业活动团队负责人的自主意识。而在开展事中和事后的监管和评估工作的同时，对大学生创新创业活动团队的负责人而言，这对他们在活动过程中出现的问题有很大的帮助，并能够及时地对其展开改正，这样就可以为下一次活动的负责人展开改善工作，也可以为第二次活动的负责人提出建议。由于项目是一次性的，因此，若能在每个项目中都做出一些较前一次更具创新性的创新，将会极大地提升高校创新创业活动的管理水平，更好地体现高校“以人为本”的办学宗旨。

3. 大学生创新创业活动项目管理实施流程

大学生创新创业活动要严格按照程序和规范来运行，按照计划阶段—组织阶段—实施阶段—控制阶段—收尾阶段五个步骤来运行。

（1）启动阶段。在项目启动阶段，重点在于项目的概念、选择与规划、可行性分析与融资。在开始前，所有的项目都需要项目负责人将项目申请报告提交到学校的就业指导中心，或提交到学院的党委，即学院的党委。在申请的时候，一定要有详细的说明，包括活动主题、活动目的、活动起始时间、活动场地、承办单位及主要负责人，可能会遇到的问题、难点及相应的对策，还需利用到的学校资源，例如，某些大型装备的租赁，活动的具体日程，活动的详细计划，活动的经费的预算等。

在实施计划之前，要根据项目活动的预期和目的，对为实现项目活动所要采取的措施和所要投入的资源是否合情合理进行分析。这就要求工程策划人员要充分了解工程中的各项要素及各项要求，特别是要对工程中的时间控制、费用控制、人员配置等做出正确的评估。

（2）计划阶段。

这个过程又被称作工程活动的批准过程。为了能顺利地完成整个项目的工作，对整个项目的工作进行了科学的规划，并对每个子工作进行了细致的规划。在项目活动开始前，需要将各个项目工作确定，所以，评审委员会应该按照有关规定，对立项评审书做出公开、公平、公正的评定。经工程活动评估委员会审核后，将审核后的工程活动有关材料送交工程项目部供其使用，并由其主管及时安排施工。对于没有通过审核的项目活动方案，应该向其说明不能通过审核的理由，并让其进行相应的调整和修正，修正后的项目活动方案和可行性研究报告可以重新递交申请进行审核。

在获得了项目实施方案的批准后，由各个项目的组长组成自己的项目组，并领导项目组制订出一系列具体的实施方案。可以使用 WBS 项目分解法，对团队人员的分工及职责、项目目标、费用预算、时间控制等进行层层分解，并给出相应的项目进度计划、沟通计划、成本控制、风险管理等。

（3）实施阶段。

项目活动执行，就是按照项目活动计划，对项目活动进行统筹和管理，以达到项目活动的目的。可以采用直播、海报、通知、广告等各种形式，在项目活动的前期实施中，对其进行最大程度的宣传，并尽量创造出对项目活动实施有利的氛围。

在建立了项目活动团队之后，在执行项目活动的时候，应该强化各方之间的协作和交流，根据规划，对整个项目活动进程展开统一和全面的管理，并要对工作进展进行定期的检查，以便能够及时地找到出现的意外问题并加以改正。比如，通过定期的工作会议，可以帮助我们在项目过程中，及时地处理好所面临的问题，让我们可以更加具体地了解并把握好项目活动的进度，还可以及时地对项目活动的风险展开控制，减少可能造成的负面影响。可以使用甘特图来校正与最初规划有偏差的工作。项目活动负责人应当定期地向有关的指导老师报告工作进度，并对项目未来的发展作出预计，使有关的指导老师能够根据项目的进展，随时调整资源，并对当时情况的衡量、项目风险的预测进行分析，并对项目目标、项目进度和项目预算进行调整。还可以使用PDCA（戴明环）在项目管理中实现。

（4）控制阶段。

项目控制是在整体的管理中，对计划和执行情况之间出现的偏差，要有预测，并采取一定的措施来预防。具体措施如下。

1）统一培训项目活动负责人。

培训内容主要包括两个方面：一是专业技术人员的职业技能培训，二是专业技术人员的实践技能培训。职业技能培训，即培训合理使用资源的能力，并通过培训，对项目所需的人力、财力等资源进行合理配置；在实践技能训练上，学校就业指导中心将有突出表现的项目负责人与参加训练的负责人及相关人员进行沟通和探讨。交流的内容可以没有特别的限定，但是一定要对项目的开展起到促进作用。例如，怎样才能提高工作效率、减少工作费用、怎样才能让员工间进行有效的交流、怎样才能让员工更好的利用现有的资源以及向外界寻求帮助等。

2）全程监督项目活动目标。

建立督导小组，在实践中与项目管理机构保持紧密的沟通，以确保对项目运作的及时掌握第一手信息。重点是要对工程的运作进行及时的纪录和有效的监控；上级向上级传达上级的需求，对各类问题进行及时的反馈，并在适当的时候提出意见和建议。

3）规范化管理项目活动资金。

在活动进行过程中，必须有专门的人员进行财务管理，保证资金的使用。实行规范的财务管理。分设收银员和会计员，对收银员的资金来源和去向有详尽的记录。在项目活动实施的过程中，要从进度管理、成本管理和风险管理等几个角度，随时对其进行监控、调整和限制，并对可能出现的偏差进行及时发现和处理，对其进行纠正，从而确保最终达到目的。在对各种不确定性因素进行判断的时候，团队负责人及所有成员都要对其可能产生的正效应与负效应进行辨证分析，充分发挥正效应所产生的正效应与负效应，将负效应所产生的正效应与负效应降至最低，以免影响项目活动进度。

（5）收尾阶段。

在项目活动执行完毕之后，要由评审委员会和项目团队一起对其进行审查和检验，对比和对比在项目执行之前的规划和目标，并对其进行评价，并对其进行业绩评价。其中应当包含三个层面：项目评估，是对工程执行过程中每一个步骤的评价与剖析，并从中得到经验与教训。工程接受，也就是工程策划人和参加者一起对工程的完成情况进行评估。工程追踪，也就是要制定一套评估工程成果的后续追踪体系。

对项目活动进行评估、验收和跟踪管理，也就是要项目活动小组将与项目活动相关的纸质文本材料、图片和视频资料上交给学校就业指导中心项目部，并完成并上交一份项目活动自我小结的电子版和纸质版。项目部应该以原备案为依据，做好有关资料的收集和整理工作，并按照项目评优标准，对每一个已量化的分解项目进行打分，并排名，最后评选出的优秀项目在学校中进行公示，并对优秀项目的活动负责人和组织者进行统一表彰。

4. 应注意的问题

（1）每次项目活动都要有所创新。

在项目化管理中，要求大学生申办的活动项目，无论是在内容上，还是在形式上，都要有所创新，即批判地继承传统的活动，对每一项活动都要有新的开发。要严格遵守已有的流程和作业标准，让每个同学都可以在相同的出发点上，主动地参加各种活动，进行高质量、高效率、富有创造力的活动。

工程的实施是否到位，是工程成败的一个重要因素。为此，必须在建设工程的活动中，充分发挥主体的作用。在进行项目活动的时候，可以充分的利用自己的主观能动性，独立的进行工作。

（2）形成科学的项目化管理评价体系。

以经费使用、学生满意度和学校认可、是否实现了一定的社会效益为主要评估指标。要有明确的奖惩措施，要在综合成绩评定、评优（秀）评先（进）、就业推荐等方面对优秀组织者给予政策倾斜。对成功、及时完成项目的项目，要评选出优秀的项目策划人和项目负责人，给予一定的物质和精神奖励，并形成一套长效高效的项目实施体系。如果不能很好的完成任务，就会被惩罚，以儆效尤。

对不同类型的创业，其评价标准也有不同的内容。例如，对于应用型创新创业项目，可主要基于验收报告中的最后一步的应用数据真实性，并结合应用客户的评价反馈，评估最后成果应用的技术指标和经济指标。对于基础研究性创新创业项目，其重点是对项目实施过程中所搜集的材料、数据的分析以及所形成的结题报告进行审核。评审团对该计划的审查，主要是根据计划的成果。在经济型创新创业项目中，关注的焦点在于其所开展的活动是否达到了合理的盈利目的，是否获得了某种程度的经济效益。

健全的管理体制与评估机制，是建立一个科学的工程管理评估系统的关键。对创业的绩效进行考核，既是创业的绩效进行考核，又是创业进行考核与激励的基础。应当指出，在评估一个工程的成败时，不应将基金收益的多少当作惟一的依据。在每个工程完成后，必须将工程的各项费用向社会公布，并让工程人员和监理团队共同监督。每一个创新创业项目活动都应该有专门的工作人员来对资金进行专门的管理，并做到会计和出纳分别由不同的人来担任，以防止在实际运作中存在的不规范现象。此外，项目部应将每次工程活动的文件进行妥善地归类，并对每次的活动进行详细的记载与小结，以供后人借鉴。

（3）培养高素质的学生干部队伍。

人力资源管理是项目管理的重要内容之一，培养一批高素质的大学生活动管理干部队伍，是项目化管理的重点内容。大学生活动管理干部队伍，包括学校管理层面的学校就业指导中心干事，院系层面的管理学生工作的党总支书记、团总支书记、辅导员，以及学生干部。相对于学校和学院两个层级的管理者，高校干部具有两个角色：一是校园活动的直接策划者、组织者，二是直接实施者、管理者，他们在各项校园活动中起着举足轻重的作用。对这些大学生骨干力量，可以从工作方法、管理技巧、领导艺术等多方面进行有计划的重点培训，培养出一支素质全面、思想过硬、作风正派、具有奉献精神、工作能力强的大学生干部队伍，保证项目活动的工作效率，提高活动质量。

（4）加强沟通管理。

同时，加强交流的管理，也是推进工程管理的一项重要措施。加强各项目单位之间的沟通和合作，有助于增强项目小组的凝聚力，实现工程项目之间的优势互补。

参 考 文 献

[1] 陈颉 . 孵化器运营与商业模式研究 [M]. 北京：人民邮电出版社，2016.

[2] 蔡伟 . 内蒙古自治区高新技术人才异地孵化发展战略研究 [D]. 呼和浩特：内蒙古师范大学，2014.

[3] 葛继平 . 中国大学科技园：功能、管理与创新研究 [M]. 北京：经济科学出版社，2013.

[4] 龚萱 .M 校大学生创业孵化园项目运行管理研究 [D]. 南昌：南昌大学，2014.

[5] 刘海滨 . 创新创业教育实证研究 [M]. 长春：吉林人民出版社，2016.

[6] 理查德：韦伯 . 创业教育评价 [M]. 北京：商务印书馆，2017.

[7] 陆志荣 . 大学生创业教育论纲 [M] 重庆：西南交通大学出版社，2017.

[8] 木志荣 . 大学生创业教育和创业意向关系研究 [M]. 北京：清华大学出版社，2015.

[9] 麦可思研究院 .2014 年中国大学生就业报告 [M]. 北京：社会科学文献出版社，2014.

[10] 卿臻 . 大学生创新创业教育 [M]. 北京：国家行政学院出版社，2018.

[11] 商应美 . 高职院校创业实践教育体系建设研究 [M]. 北京：人民出版社，2016.

[12] 王占仁 .“广谱式”创新创业教育通论 [M]. 北京：教育科学出版社，2017.

[13] 谢一风 . 我国高职院校创业教育与创业实践研究 [M]. 重庆：西南财经大学出版社，2007.

[14] 吕阳 . 高职院校创业教育质量评价与策略研究 [D]. 荆州：长江大学，2017.

[15] 司桂霞长三角地区高技术产业结构优化研究 [D]. 上海：华东师范大学，2015.

[16] 孙婷 . 高职院校创新创业教育实施现状与发展策略研究 [D]. 沈阳：沈阳师范大学，2018.

[17] 薛珊 . 高职院校创业教育师资队伍建设研究 [D]. 南充：西华师范大学，2018.

[18] 徐永阳 . 研究型大学创业教育课程设置研究 [D]. 重庆：重庆大学，2018.

[19] 姚倩 . 师范类高职院校创业教育效果评价体系研究 [D]. 昆明：云南师范大学，2019.

[20] 杨芝 . 我国科技人才集聚机理与实证研究 [D]. 武汉：武汉理工大学，2012.